"读懂新时代"丛书
教育部组织编写

# 道路何以自信

★

陈培永◎著

中国人民大学出版社
· 北京 ·

# 总序 FOREWORD

经过长期努力，中国特色社会主义进入了新时代，这是中国发展新的历史方位。习近平总书记鲜明指出："这个新时代，是承前启后、继往开来、在新的历史条件下继续夺取中国特色社会主义伟大胜利的时代，是决胜全面建成小康社会、进而全面建设社会主义现代化强国的时代，是全国各族人民团结奋斗、不断创造美好生活、逐步实现全体人民共同富裕的时代，是全体中华儿女勠力同心、奋力实现中华民族伟大复兴中国梦的时代，是我国日益走近世界舞台中央、不断为人类作出更大贡献的时代。"这一重大思想观点深刻表明，这个新时代不是别的什么新时代，而是中国特色社会主义新时代。这个新时代的历史任务就是一以贯之地坚持和发展中国特色社会主义，实现中华民族的伟大复兴。

中国特色社会主义，是改革开放以来党的全部理论和实践的主题，是中国共产党带领全体中国人民历尽千辛万苦、付出巨大代价取得的宝贵成果，也是当代中国取得一切成就和进步的根本原因。道路、理论、制度、文化是中国特色社会主义的四个支柱，也是中国特色社会主义的根本标志。

方向决定道路，道路决定成败。中国特色社会主义道路是实现中华民族伟大复兴的根本途径。这条道路来之不易，它是在改革开放40多年的伟大实践中得来的，是在中华人民共和国成立70多年的持续探索中得来的，是在我们党领导人民进行伟大社会革命90多年的实践中得来的，是在近代以来中华民族由衰到盛170多年的历史进程中得来的，是在世界社会主义500多年波澜壮阔的发展历程中得来的，是在对中华文明5 000多年的传承发展中得来的，具有深厚的历史渊源和广泛的现实基础。历史和现实充分证明，这条道路是实现社会主义现代化、创造人民美好生活、实现中华民族伟大复兴的必由之路，是当代中国大踏步赶上时代、引领时代发展的康庄大道。坚持中国特色社会主义道路，关乎国家前途、民族命运、人民福祉。

科学理论是推动工作、解决问题的“金钥匙”。中国特色社会主义理论体系是实现中华民族伟大复兴的行动指南。这一理论体系，是包含邓小平理论、“三个代表”重要思想、科学发展观、习近平新时代中国特色社会主义思想在内的科学理论体系，是马克思主义与当代中国实际和时代特征相结合的产物，是党和人民实践经验和集体智慧的结晶。实践证明，这一理论体系紧密结合我国改革发展实际，紧密结合新的时代条件，是立于时代前沿、与时俱进的科学理论，是指导党和人民沿着中国特色社会主义道路实现中华民族伟大复兴的正确理论。

制度是关系党和国家事业发展的根本性、全局性、稳定性、长期性问题。中国特色社会主义制度是实现中华民族伟大复兴的根本保障。这一制度，是党和人民在长期实践探索中形成的科学制度体系，是实现国家治理体系和治理能力现代化的根本依据；这一制度，坚持把根本政治制度、基本政治制度同法律体系、基本经济制度以及各方面体制机制等具体制度有机结合起来，坚持把党的领导、人民当家作主、依法治国有机结合起来，符合我国国情。实践证明，这一制度是当代中国发展进步的根本制度保障，是具有鲜明中国特色、明显制度优势、强大自我完善能力的先进制度。

文化是一个国家、一个民族的灵魂。文化兴国运兴，文化强民族强。中国特色社会主义文化是实现中华民族伟大复兴的精神动力。这一文化，源自于中华民族5 000多年文明历史所孕育的中华优秀传统文化，熔铸于党领导人民在革命、建设、改革中创造的革命文化和社会主义先进文化，植根于中国特色社会主义伟大实践，是以马克思主义为指导的，面向现代化、面向世界、面向未来的，民族的科学的大众的社会主义文化。实践证明，这一文化是激励全党全国各族人民奋勇前进的强大精神力量。

中国特色社会主义是道路、理论、制度、文化高度统一的，既把成功的实践经验上升为理论，又以正确的理论指导新的实践，还把实践中已见成效的方针政策及时上升为党和国家的制度，将中国特色社会主义文化贯穿于道路、理论、制度的形成发展过程中，为推进中国特色社会主义事业提供精神动力。所以，中国特色社会主义特就特在其道路、理论、制度、文化上，特就特在其实现途径、行动指南、根本保障、精神动力的内在联系上，特就特在这四者统一于中国特色社会主义伟大实践中。

党的十八大以来，习近平总书记多次强调，中国特色社会主义是社会主义而不是其他什么主义，科学社会主义基本原则不能丢，丢了就不是社会主义。中国特色社会主义，承载着几代中国共产党人的理想和探索，寄托着无数仁人志士的夙愿和期盼，凝聚着亿万人民的奋斗和牺牲，是近代以来中国社会发展的必然选择，是发展中国、稳定中国的必由之路。实践充分证明，中国特色社会主义是科学社会主义理论逻辑和中国社会发展历史逻辑的辩证统一，是根植于中国大地、反映人民意愿、适应中国和时代发展进步要求的科学社会主义，是中国共产党和中国人民团结的旗帜、奋进的旗帜、胜利的旗帜。“历史已经并将继续证明，只有社会主义才能救中国，只有坚持和发展中国特色社会主义才能实现中华民族伟大复兴。”

当今世界正经历百年未有之大变局，当代中国正处于实现中华民族伟大复兴的关键时期。习近平总书记指出：“实现中华民族伟大复兴，必须坚定中国特色社会主义道路自信、理论自信、制度自信、文化自信。”改革开放以来，特别是党的十八大以来，我们对共产党执政规律、社会主义建设规律、人类社会发展规律的认识和把握不断深入，开辟了中国特色社会主义理论和实践发展的新境界，中国特色社会主义取得举世瞩目的成就，中国特色社会主义在21世纪的中国焕发出强大生命力。在新发展阶段，只有坚定“四个自信”，才能毫无畏惧面对一切困难和挑战，才能坚定不移开辟新天地、创造新奇迹。我们必须保持强大前进定力，既不走封闭僵化的老路，也不走改旗易帜的邪路，真正做到“千磨万击还坚劲，任尔东西南北风”。

为推进中国特色社会主义伟大事业，巩固坚实的思想基础，坚定中国特色社会主义“四个自信”，教育部组织编写了“‘读懂新时代’丛书”，目的在于阐释中国特色社会主义道路、理论、制度、文化的理论逻辑、历史逻辑和实践逻辑，深刻阐明新时代坚持和发展中国特色社会主义的重大意义，坚持不懈用习近平新时代中国特色社会主义思想铸魂育人，深入推动党的创新理论进教材、进课堂、进头脑，培养担当民族复兴大任的时代新人。

“‘读懂新时代’丛书”是在教育部党组书记、部长陈宝生直接领导，党组成员、副部长翁铁慧具体指导下，由教育部社会科学司组织编写，经国家教材委员会专家委员会审核通过的高校思想政治理论课教学辅助读物。希望本套丛书的出版，能够更好地帮助广大青年学生增强“四个意识”，坚定“四个自信”，做到“两个维护”，深刻认识中国共产党为什么能、马克思主义为什么行、中国特色社会主义为什么好、中华文化为什么兴，坚定听党话、跟党走的自觉，把爱国情、强国志、报国行自觉融入坚持和发展中国特色社会主义事业、建设社会主义现代化强国、实现中华民族伟大复兴的奋斗之中，使青年学生努力成长为德智体美劳全面发展的社会主义建设者和接班人。

# 序言 PREFACE

## 为什么要谈道路问题?

我们都知道，去一个陌生的地方，逛一个景点，爬一座高山，找到正确的路，就成功了一半。走错了路，就只能是人在囧途，累得半死还在路上，甚至再也没办法到达终点。

一个人的成长也是如此，找到适合自己的路，离成功就近了；而没有走对路，走错了路，走偏了路，走向了不归路，就会离成功千里、万里。

对我们很多人来说，找到适合自己的成长之路并不容易，找到了、认准了并坚信这条路，持之以恒走下去，也不容易。有的人没有主见、人云亦云、亦步亦趋、左右摇摆，可能永远找不到属于自己的人生路；有的人上下求索、历尽千辛、苦思冥想找到了属于自己的路，却经不起别人的劝说或批评而动摇，结果徒留遗憾，悔时晚矣！

成就一番事业的人，往往是那些知道自己想要什么的人，是对自己走过的路、当前走的路、即将要走的路非常清楚的人，那些不知道自己想要什么、不知道该如何坚定走自己路的人，往往在傻傻看不清楚、徘徊不前、左右摇摆中失去一次又一次的机会。

道路问题至关重要，对一个人来说是这样，对一个国家来说也是如此。不同的是，一个人走对路或走错路，影响到的只是他自己，最多加上他身边的一些人；一个国家走对路或走错路，影响到的则是这个国家的所有人。

观察人类社会的现代化进程，我们会发现，并不是所有的国家都走对了路、走好了路，一些国家没有走出符合本国国情的道路，只能依附于西方发达国家而无法独立自主，一些国家则禁不住诱惑或扛不住攻击，改变道路而陷入困境，到现在依然难以翻身。

那些走在前列的个别发达国家，不断地向这些国家宣传自己道路的“普世性”，鼓吹自己的成功可以复制，结果没有给这些国家带去福音，反而给它们带去了灾难。落后的依然落后，发达的依然发达，但这并不妨碍一些国家依然对别国的道路指东道西，依然宣布自己的道路是“人类社会必然要走的文明之路”！

今日之中国，立足本国国情，走出了中国特色社会主义道路，即中国道路。今日之中国道路，虽然一直不被一些国家、一些人看好，不断被曲解误解、冷嘲热讽甚至公然诬蔑，不断被宣布“开历史倒车”“即将崩溃”“不可持续”“难以维系”，不断被“忠告”——“这条路行不通”“这条路不是正道”“这条路应该如何如何走”，但结果总是让这些国家、这些人失望甚至恼火。

中国依然走在自己开辟出来的道路上，“不管风吹浪打，胜似闲庭信步”，“千磨万击还坚劲，任尔东西南北风”，成功演绎了一个民族复兴的传奇故事。

中国道路，绝对有让我们自信的底气，我们有理由为之骄傲和自豪，有必要总结提炼其中的深意。中国道路，在今天也已经成为不折不扣的热词，谈者多、论者众，观点多、见解繁。但总有人认识不到道路问题的重要性，看不到中国道路对于中国社会乃至对于世界的重要性，看不到中国道路对于我们每个人的重要性。

有些人总觉得国家道路问题是个“高大上”的宏观问题，自有人谋划，自己就是一个“吃瓜群众”，过好自己的小日子就行，思考这样的问题，太费心思，不思考也不影响自己的生活，想太多反倒耗神，增加不必要的烦恼；也有人虽然很关心，认为很重要，但认识不清，“不识庐山真面目”，感觉“像雾像雨又像风”，不知道中国道路究竟是一条什么样的路，它从何而来，将要走向何方。一些人对中国道路的前景充满困惑，总自觉或不自觉地表现出忧心忡忡。

有人对中国道路取得的成就视而不见，反而拿着放大镜找问题，成为只看问题、只去批判而不看成绩、不思建设的“问题主义者”；有人怀疑中国道路是否已经走错了方向，已经背离了社会主义的航向；有人习惯了用西方标准、西方理论来评判中国道路，强调应该全面与西方道路接轨；等等。

习近平指出，“无论搞革命、搞建设、搞改革，道路问题都是最根本的问题”，“只有回看走过的路、比较别人的路、远眺前行的路，弄清楚我们从哪儿来、往哪儿去，很多问题才能看得深、把得准”。

每个人都不能脱离自己生活的环境，不能抽象思考自己的人生路，不能置自己国家的路于不顾。

作为中国人，我们不能对中国道路置若罔闻，也不能不懂装懂、似懂非懂、止于略懂，更不能瞎说一通、随意批判、恶意攻击。我们应该把握中国道路的来龙去脉，进行全方位透视，在客观认知基础上坚定道路自信，把自己的人生道路融入中国道路，在助推社会进步中成就自己的一番事业。

这本小册子尝试对中国道路进行全景式描绘。它将讲述一个关于中国道路的理论故事，呈现出逻辑清晰、结构严整的中国道路理论；它不自说自话，将最大限度地坚持历史维度与国际视野，在纵横比较中彰显中国道路的独特性；它不回避问题，将真正坚持问题导向，积极探讨使我们产生或可能产生困惑的话题；它采取接地气的“温情写法”，通俗易懂的精美语言、富有哲理的智慧金句、多种类型的经典案例，将会贯穿全书。

目录 CONTENTS

01 第一章　中国道路是怎么走出来的？

003　一、那些年我们没有走通的路
007　二、走对了可惜没有一直走好的路
009　三、踏平坎坷又出发的人间正道

02 第二章　中国道路是一条什么样的路？

015　一、有目标，才有远方
017　二、“科学理论 + 基本国情”
018　三、守正与创新相统一的辩证法
020　四、全盘布局，突出重点
022　五、乘风破浪的领航者

03 第三章　中国道路书写了怎样的传奇？

027　一、后发国家也能成功赶超？
030　二、高举社会主义的大旗
032　三、人类社会现代化并非只有一条道

## 04 第四章 为什么中国道路还是社会主义道路？

038 一、对中国社会主义道路的误读
040 二、为什么不是“××资本主义”？
043 三、社会主义建设的科学进路
045 四、理性审视非社会主义化的挑战

## 05 第五章 封闭僵化的路真心要不得

051 一、奈何总是“回头看”？
053 二、为何会陷入封闭僵化的思维中？
056 三、无缝对接的“革命”与“改革”

## 06 第六章 改旗易帜的路就是行不通

063 一、前车之鉴，世上没有后悔药
065 二、适合别人的不一定适合自己
069 三、不存在十全十美的国度

## 07 第七章 应如何比较中国道路与西方道路？

075 一、西方道路真的是文明之路吗？
077 二、新自由主义之路坑了多少国家？

080 三、西方道路缺失、中国道路独具的元素

08 第八章 走向世界的中国道路面对何种质疑？

087 一、美国“退群”与中国主张
091 二、中国资本的全球扩张之路？
094 三、积极发声是“打肿脸充胖子”吗？

09 第九章 中国道路将通往何方？

101 一、将中国梦想照进现实
104 二、共同富裕还能实现吗？
107 三、共产主义是永远无法到达的地方吗？

结语 携手走在自信的大道上

后记

01

# 第一章　中国道路是怎么走出来的?

鲁迅先生讲过，其实天下本没有路，走的人多了，也就成了路。

这句话看似简单，实则包含了深刻的哲理。它说明了，一条新路的出现，是主客观条件共同作用的结果，客观情况是没有路或看不见路，前路茫茫、不知所向，主观条件是得有一个人勇敢地去探索，迈出第一步，但只有他一个人走还不行，还得大家一起跟着走。

一些人走出来一条新路不容易，一个国家走出来一条新路更不容易。中国道路是中国共产党人领着中国人民走出来的，这条道路的探索充满着绝境逢生，充满着惊心动魄，充满着困惑挣扎，充满着历史抉择……

## 一、那些年我们没有走通的路

令人感到惊奇的是，中国道路的探索，与马克思、恩格斯这两位伟大的思想家有着不解之缘。

19 世纪，当所有中国人对马克思、恩格斯还一无所知的时候，他们就已经关注到了历史悠久的东方古国。身在英国伦敦的马克思，围绕太平天国运动、第二次鸦片战争、英国对华贸易以及不平等条约的签订，写下了十几篇关于中国问题的文章。

马克思重点描绘了西方资本主义列强在“极卑鄙的利益驱使”之下，用坚船利炮打开了中国的大门，封闭的清王朝将被西方列强击溃。他写道，“一个人口几乎占人类三分之一的大帝国，不顾时势，安于现状，人为地隔绝于世并因此竭力以天朝尽善尽美的幻想自欺。这样一个帝国注定最后要在一场殊死的决斗中被打垮”。

马克思表达了对当时中国人民的同情，专门写了《英人在华的残暴行动》一文，向世界揭露了英国侵略中国的真相，“非法的鸦片贸易年年靠摧残人命和败坏道德来填满英国国库”，“这场极端不义的战争……广州城的无辜居民和安居乐业的商人惨遭屠杀，他们的住宅被炮火夷为平地，人权横遭侵犯……”

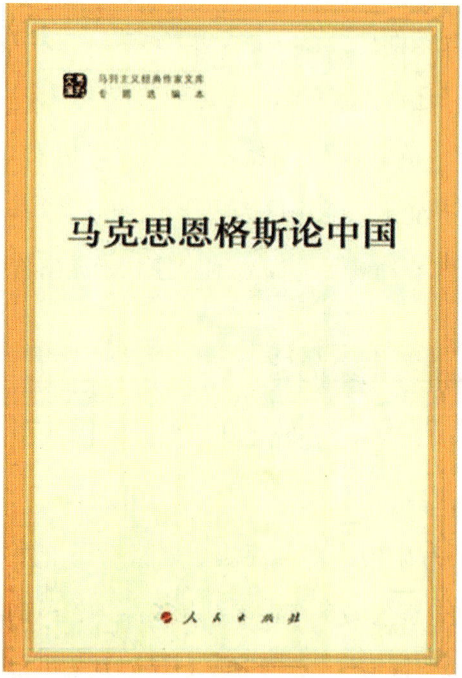


中国是马克思和恩格斯在理论研究和革命实践中长期关注的国家。早在19世纪，马克思和恩格斯在创立唯物史观和科学社会主义理论的过程中，就十分重视中国这个文明古国的最新变化和发展趋势。他们对中国社会情况的整体把握和深入思考，生动地反映在《德意志意识形态》《共产主义原理》《共产党宣言》等重要著作中。在1853年5月至1862年7月，马克思、恩格斯专门撰写的论中国问题的文章有18篇，这些文章大都刊载于美国的《纽约每日论坛报》，只有一篇文章，即马克思的《中国记事》，发表于奥地利的《新闻报》。图为中央编译局编译的《马克思恩格斯论中国》一书，其中收录了这18篇文章以及马克思、恩格斯的一些重要论述。

更令人愤慨的是，当时侵略中国的，不止英国一个，还有美国、法国、德国、俄国、日本、意大利、奥匈帝国等大大小小的国家。

一颗颗沉重的炮弹打在中国身上，死亡的宣判官似乎即将来临。中国，这个有着 5 000 多年悠久历史、创造出辉煌历史文化、为人类文明进步做出重大贡献的文明古国，经历了从辉煌到苦难、从骄傲到屈辱的巨大落差，甚至面临亡国灭种的危险。

中国面对的不是向何处去的困惑，而是前路茫茫、无处可走的绝境。

“救亡图存”成为响彻中国大地最坚定的口号，也成为中国人头脑中最紧绷的那根弦。相信如果我们生活在那个年代，也都会为中国的生死存亡而忧虑，都会去寻找救国救民的道路。

当时中国各个阶层的仁人志士进行了积极尝试，他们试图从西方国家寻求救国之道。师夷长技以制夷，师夷长技以自强，以彼之长，补己之短。

各种社会思潮在中国纷纷亮相，据说当时有一百多种思潮，改良主义、自由主义、社会达尔文主义、无政府主义、实用主义、民粹主义、工团主义、互助主义等，“你方唱罢我登场”，但都以失败告终。不论这些“药方”在“医生”眼里是多么完美，都没有改变中国的命运。无论是学习西方的器物、技术，还是各种制度、价值理念，都不能帮助中国开拓出光明大道。

条条大路通罗马，当时的中国却一度找不到一条。太平天国运动、洋务运动、义和团运动、戊戌变法、辛亥革命等，中国人把当时可以走的路几乎都走了个遍，但无一例外，最终都宣告了四个字——“此路不通”。

拥抱资本主义的“西化”方案不适用于中国，蜷缩回封建主义的复古方案也不适用于中国。特别是西方资本主义道路在中国不可能走通，西方国家不会让中国成为一个独立的资本主义国家，它们所需要的是一个边缘的、附庸的、弱小的中国，是一个能够为其提供原材料和倾销市场的中国，而不是一个有着自己独立性、可以作为竞争对手的、站起来的中国。

在令人沮丧甚至窒息的艰难时刻，希望的大门打开了。

2017年11月7日是俄国十月革命胜利100周年纪念日。十月革命的发生地——俄罗斯在这一天组织了多场社会活动，纪念这一开创人类历史新纪元的重要日子。图为在俄罗斯莫斯科人们参加纪念十月革命100周年游行活动。

“十月革命一声炮响，给我们送来了马克思列宁主义”。毛泽东的这句话在今天的我们看来，可能只是一个历史场景的描述，但如果置身于那个时代，我们就会感受到它表达的是中国的希望、民族的前途，蕴含的是柳暗花明又一村、拨开云雾见天日的欣喜。

中国先进分子从马克思列宁主义中看到了解决中国问题的出路。马克思主义自东面的日本、北面的俄国、西面的法国传入中国，李大钊、陈独秀等人成为最早在中国传播马克思主义的知识分子。

要说明的是，没有人是天生的马克思主义者、社会主义者，以毛泽东为例，他一开始信仰的也并不是马克思主义。随着学习经历以及革命实践的不断丰富，他最终转向马克思主义，认识到只有以马克思主义为指导、只有社会主义道路才能救中国。

既然是选择，就会有不同的选项，只有在比较中，才能做出正确的选择。

马克思主义、社会主义，是中国先进分子致力于改变中国面貌，在比较不同思潮中做出的选择。历史已经证明并将继续证明，这个选择是完全正确的。

1921 年，应运而生的中国共产党担负起拯救民族危亡的使命，中国人民从精神上由被动转为主动，开辟了一条实现民族复兴的道路。

回首历史，曾经提出过各种救国方案的先行者都做出了努力和尝试，他们是值得我们敬重的。可惜，有些努力和尝试注定只能留下足迹，不会留下一条现实的可行的道路。只有中国共产党团结人民走出了一条新路，一条通往社会主义的道路。

## 二、走对了可惜没有一直走好的路

早在西方列强踏上中国这片土地时，马克思就极具洞察力地指出中国已经处于社会变革的前夕，而这次变革必将给这个国家的文明带来极其重要的结果，随着中国革命的深入，“过不了多少年，我们就会亲眼看到世界上最古老的帝国的垂死挣扎，看到整个亚洲新纪元的曙光”。

按说，马克思应该不看好饱受蹂躏的中国，但恰恰相反，他对中国的革命寄予了很高的期望，相信中国革命的前途光明，认为中国革命甚至可以推动欧洲大陆的政治革命，“中国革命将把火星抛到现今工业体系这个火药装得足而又足的地雷上，把酝酿已久的普遍危机引爆，这个普遍危机一扩展到国外，紧接而来的将是欧洲大陆的政治革命”。

更令人惊讶的是，马克思、恩格斯竟然还科学预见了“中国社会主义”的出现，甚至为他们心中的新中国取了个靓丽的名字——“中华共和国”。科学预见得到了证实，恐怕他们也没有想到，几十年之后他们创立的学说传入中国，为中国指明了道路，改变了中国社会发展的航向。

如果马克思、恩格斯知道，那个他们曾经关注的、被帝国主义列强欺凌的国家，正是在他们创立的学说指导下，使其人民站了起来，他们会多么激动、多么自豪、多么欣慰！

1949年，中华人民共和国成立，彻底结束了旧中国半殖民地半封建社会的历史，彻底结束了旧中国一盘散沙的局面，彻底废除了列强强加给中国的不平等条约和帝国主义在中国的一切特权，彻底改变了近代以后100多年中国积贫积弱、受人欺凌的悲惨命运，中华民族走上了实现伟大复兴的壮阔道路。接下来，中国共产党团结带领中国人民完成社会主义革命，确立社会主义基本制度，消灭一切剥削制度，推进了社会主义建设，完成了中华民族有史以来最为广泛而深刻的社会变革。新中国展现出旺盛的生命力和巨大的发展潜力，各项事业如火如荼，独立的比较完整的工业体系和国民经济体系逐步建立起来。

如果没有走社会主义道路，我们无法设想，一个成立不久的国家，可以在那样贫穷落后的条件下取得如此巨大的成就。这些成就足以说明，中国走社会主义道路，是走对了路。

但走对了路，不代表会走好。走社会主义道路，我们不可能一帆风顺。就像刚拿到驾照的新手第一次上路，可能会因为路况不熟而状况不断，可能会因为急于到达目的地而行车不稳，可能会因为盲目自信而超载超速，甚至也可能会引发重大交通事故。

社会主义道路是条新路，中国共产党还需要在道路上不断探索、积累经验。

在一条踏出来的新路上摸索前进难免会出现失误。为了尽快改变国家的落后面貌，使中国尽快成为一个社会主义强国，赶超发达国家，当时我们提出了“跑步进入共产主义”的口号，开展了“大跃进”运动；过分追求“一大二公”，开展了人民公社化运动；对国内阶级形势判断错误，出现了阶级斗争扩大化；追求不断革命，错误地发动了“文化大革命”；等等。

在社会主义道路的探索中，我们出现了失误，不是方向有问题，不是目标有问题，而是目标脱离实际，过于理想化地设想，过急地想要实现它。

面对社会主义这个寄托着美好愿望的崭新事物，人们热切希望能以最快的速度到达目的地。但是欲速则不达，急于求成并不能带来一个理想的结局，反而还会适得其反。

人类社会和我们每个人的发展一样，不是你追求的目标足够美好、足够崇高，就可以带来好的结果。我们既要仰望星空，还要脚踏实地。有了崇高的目标，还得有正确的方式和途径来实现。

## 三、踏平坎坷又出发的人间正道

现实有时会让人措手不及，1976 年，中国遭遇了巨大变故，社会主义道路的开拓者周恩来、朱德、毛泽东先后离世。

1976 年 10 月，中共中央政治局采取措施，粉碎“四人帮”。1977 年 8 月，中国共产党第十一次全国代表大会明确宣告“文化大革命”已经结束。但人们心中的困惑和迷茫并没有因此消除，光明大道还是没能开启，当时党内仍然受“文化大革命”“左”的错误思想的影响，1977 年“两个凡是”的提出，严重桎梏了人们的思想。

1978 年 5 月 11 日，《光明日报》以特约评论员的名义发表了《实践是检验真理的唯一标准》一文，《人民日报》和《解放军报》立即转载。文章重申了检验真理的标准只能是社会实践，理论与实践的统一是马克思主义最基本的原则。这篇文章的发表引起了一场全国性的关于真理标准问题的大讨论，在人们心中厘清了什么是真理、如何检验真理的重大思想理论问题，为人们重新认识新中国成立以来社会主义建设的成就与失误打开了思想大门。

1978年底，邓小平在中央工作会议上做了题为《解放思想，实事求是，团结一致向前看》的报告，提出要打破思想僵化，研究新情况，解决新问题，为陷入困境的中国指明了改革开放的方向。可以说，这篇报告是时代催生的作品，是为扭转中国社会发展的航向而做。

紧接着，中共十一届三中全会召开，重新确立了实事求是的思想路线，将党和国家的工作重心转移到社会主义现代化建设上来，为探索出一条符合中国国情的社会主义道路做好了铺垫，打好了基础。终于，我们走出迷雾，踏平坎坷又出发。

1982年，中国共产党第十二次全国代表大会召开，邓小平在大会开幕词中宣告，“把马克思主义的普遍真理同我国的具体实际结合起来，走自己的道路，建设有中国特色的社会主义”。这可以说是“中国特色社会主义道路”的明确提出和正式出场。

中国道路，既坚持科学社会主义原则，又立足我国具体实际，追求理论和实际的紧密结合；既坚持社会主义理想，又立足基本国情，追求理想与现实的统一；既走自己的路，又吸纳世界先进文明，追求自主与包容、民族性与世界性的统一。

人间正道是沧桑，中国道路注定没那么平坦，难免会遇到意想不到的冲击。20世纪80年代末90年代初，东欧剧变、苏联解体，给中国道路带来新的困扰，担心改革开放会断送社会主义的声音不绝于耳，对这条道路是否正确的质疑此起彼伏。要不要在这条道路上走下去、如何坚定地在这条道路上走下去，成为当时亟须回应的问题。

1992年，邓小平先后视察武昌、深圳、珠海、上海等地，发表了一系列讲话，史称“南方谈话”，这次谈话扫清了人们对改革开放的思想障碍，坚定了继续走中国道路的决心。邓小平明确指出，“我们要在建设有中国特色的社会主义道路上继续前进”，“不坚持社会主义，不改革开放，

> 越是伟大的事业，往往越是充满艰难险阻，越是需要开拓创新。中国特色社会主义是前无古人的伟大事业，改革开放和社会主义现代化建设还有很长的路要走。在前进道路上，我们将进行许多具有新的历史特点的伟大斗争。
>
> ——习近平：《在纪念邓小平同志诞辰110周年座谈会上的讲话》

不发展经济，不改善人民生活，只能是死路一条”。“改革开放胆子要大一些，敢于试验，不能像小脚女人一样。看准了的，就大胆地试，大胆地闯”。“没有一点闯的精神，没有一点‘冒’的精神，没有一股气呀、劲呀，就走不出一条好路，走不出一条新路，就干不出新的事业”。

选对了路，认准了路，就要坚定不移，就不要犹豫，就要大踏步地往前走。犹豫徘徊，自我怀疑，束手束脚，注定难成大事，难成就辉煌。

事实证明，正是由于我们开创了中国道路，并且在这条道路上坚定不移地走下去，当今中国才会发生日新月异的变化。如今，经过长期努力，中国特色社会主义已进入新时代，中国道路已进入新阶段。这个曾经辉煌又饱受磨难的民族，迎来了从站起来、富起来到强起来的伟大飞跃。现在，我们比历史上任何时期都更接近中华民族伟大复兴的目标。

中国道路是在马克思主义指导下，根植于中国国情和文化传统，深刻总结中国革命和社会主义建设的历史经验，一步步探索出来的。正如习近平同志所指出的，“道路决定命运，找到一条正确道路是多么不容易。中国特色社会主义不是从天上掉下来的，是党和人民历尽千辛万苦、付出各种代价取得的根本成就”。我们要珍惜这一成就，为继续拓展和走好中国道路贡献自己的力量。

02

# 第二章　中国道路是一条什么样的路？

熟知不代表真知，对耳熟能详的词汇，我们不一定能够透彻把握，对中国道路亦是如此。我们还是要弄明白：中国道路究竟是一条什么样的路。

答案和共识已有：在中国共产党领导下，立足基本国情，以经济建设为中心，坚持四项基本原则，坚持改革开放，解放和发展社会生产力，建设社会主义市场经济、社会主义民主政治、社会主义先进文化、社会主义和谐社会、社会主义生态文明，促进人的全面发展，逐步实现全体人民共同富裕，建设富强民主文明和谐美丽的社会主义现代化强国。

高度凝练的文字背后蕴含着深邃的思想。让我们走进这段文字的内里，深入解读中国道路这条既熟悉又需要进一步探索的必须走好的路，把握其中满满的政治智慧。

## 一、有目标，才有远方

一个人的人生路，如果没有目标，走着走着就迷茫了，走着走着就不知道走到哪去了。树立什么样的目标，是一个关键问题：一个短浅的、错误的目标，会使人误入歧途；而一个远大的、正确的目标，则能指引人走向远方、走向辉煌。

一个国家的道路承载的是全体人民的希望和未来，更加需要明确的奋斗目标。并且，这个目标必须是一个振奋人心、鼓舞士气的目标，才能让所有人走得踏实，走得奋进，走得充满希望。

中国道路的目标是明确的，那就是促进人的全面发展，实现全体人民共同富裕，建成社会主义现代化强国。从这个维度讲，从历史进程的角度看，中国道路就是实现社会主义现代化、创造人民美好生活、实现中华民族伟大复兴的必由之路。

中国道路的目标也是立体的。其中，人的全面发展、美好生活是从个人的角度去讲的；实现共同富裕，则是从社会、从人与人的关系、从公平正义的角度去讲的；建成社会主义现代化强国、实现中华民族伟大复兴的中国梦则是从国家和民族的角度去讲的。

就此而言，中国道路设定的目标，兼顾了个人发展与社会进步，兼顾了国家富强、民族振兴与人民幸福。

没有国家富强、民族振兴，没有共同富裕和公平正义，就没有大多数人自由全面发展之可能。

个人是社会中的人，只有在社会中才可能有现实的自由的个人。如果只是强调独立的个人的自由，不去思考个人与个人之间的社会联系，很可能造成人与人相互对立、要么这个群体自由要么那个群体自由的局面。对个人自由的过度强调，往往通向极端的、狭隘的利己主义。过度的个人主义、利己主义也会侵犯个人自由。

我们要实现的人的全面发展，不是少数人的全面发展，而是大多数人的全面发展，这个目标决定了必须努力通过不断改变经济社会关系、实现共同富裕与公平正义来实现，而不是仅仅通过强调保障个人权利来实现。

中国道路的目标特别突出共同富裕，一是因为共同富裕是衡量社会主义现代化强国的基本标准，没有共同富裕，也可以实现现代化强国，但绝不是社会主义现代化强国；二是因为共同富裕是大多数人自由全面发展的社会前提，没有共同富裕，就没有大多数人的自由全面发展。

对中国道路目标的表述，没有华丽的辞藻，也没有煽情的渲染，只有最实实在在的内容。

中国道路追求的目标，不是人为的主观的随意的设定，它是符合中华民族历史进程尤其是近代以来中国历史的客观进程的，它将马克思主义、中华优秀传统文化追求的价值目标置于中国国情的充分考量中，很好打通了国家、社会、个人的关系，因而完全可以说是立足于实际的、可以实现的目标。

## 二、“科学理论＋基本国情”

中国道路通往其目标的过程，伴随着科学理论的指导，坚持的是科学社会主义基本原则。

我们会发现，在党的十八大报告关于中国道路的表述里，“社会主义”出现多次，用来限定“五位一体”与现代化强国的目标。社会主义＋市场经济、民主政治、先进文化、和谐社会、生态文明以及现代化强国，其中的“社会主义”绝不是可有可无的，它表明了中国道路的社会主义性质，表明了中国道路坚持的是科学社会主义理论，遵循的是科学社会主义基本原则。

很少有一个国家的道路像中国道路这样如此强调理论指导，如此强调科学理论所确立的基本原则。这是因为中国道路是社会主义道路，不能离开科学社会主义基本原则，“科学社会主义基本原则不能丢，丢了就不是社会主义”。正是对科学社会主义理论的坚持，对科学社会主义基本原则的坚守，中国道路才不会走偏，才会有一以贯之的主线。

可以说科学社会主义就是中国道路的“初心”，初心变了，中国道路也就变质了。也可以说科学社会主义是中国道路的“底色”，可以涂抹其他颜色与之搭配，但绝不能去掉底色。也可以说科学社会主义是中国道路的“真经”，正是依靠这本“真经”，中国才走到了今天，也只有读好这本

“真经”，我们才有基础、有定力、有方向走好接下来的路。如果我们连这本“真经”都读不好、读不透，还去读其他的经，就会“乱花渐欲迷人眼”，分不清好坏，辨不出真伪，就会走丢自己。

坚持科学理论，必须从基本国情出发。中国道路的出发点、立足点是基本国情，中国道路是科学社会主义基本原则与中国国情相结合的道路，只谈其中一点、忽略另一点的思维方式，是对中国道路的误读。

再科学的理论，如果不能与实际相结合，只能是空中楼阁，结果要么是伤害理论，要么是伤害现实，要么是两者都伤害。一个人只讲科学理论不顾现实国情，就可能会犯教条主义错误；只顾基本国情而忽略科学理论，就可能会犯颠覆性错误。

只讲理论指导，从理论出发、从主观出发、从原则出发，不顾基本国情，我们走的路注定经历曲折，这一点历史已有明鉴。但直到今天，这样的思想观念还是存在，还不断出现，一些人又开始从“真正的社会主义应该如何如何”进入到对中国道路的思考中，不顾中国还处于社会主义初级阶段、还是最大的发展中国家的国情。

任何时候，我们都必须从国情出发思考中国发展问题。这就像我们每个人一样，再大的雄心壮志，再多的理想抱负，也必须建立在对自己真实实力的客观判断的基础上。

## 三、守正与创新相统一的辩证法

实现我们的奋斗目标，做到科学理论与基本国情相结合，就要坚持守正与创新相统一。中国道路守正的体现就是坚持四项基本原则，也就是坚持社会主义道路，坚持人民民主专政，坚持中国共产党的领导，坚持马克思列宁主义、毛泽东思想；创新的体现就是坚持改革开放，对内改革，对外开放。守正与创新相统一，保证了中国道路原则性与灵活性的统一。

既坚持原则性又有一定的灵活性，是为人处世、干事立业之道。原则意味着立场，意味着底线，意味着一个人安身立命的基准，也是获得别人尊重、认可的前提。但如果只讲原则，不讲变通，不思改变自己、提升自己，就会拒人于千里之外，让人觉得不可亲，最终无法团结众人干成大事。

小到个人，大到国家，发展的道路都应该兼具原则性与灵活性。中国道路正是一条原则性与灵活性兼备的道路。四项基本原则，是我们的立国之本，是中国道路的政治根基，是雷打不动的原则。

在坚持原则性的同时，中国道路也没有丧失灵活性。在关键历史时期，我们打破许多条条框框的束缚，实事求是，解放思想，开启了改革开放的征程，让中国道路焕发出勃勃生机，迎来了一片崭新的天地。

对于中国道路来说，灵活性不仅仅是一种策略，更是一种勇气，一种生死抉择。中国道路的灵活，不是异想天开，不是主观幻想，更不是莽撞蛮干，而是在牢牢把握原则基础上的开拓创新，是深深扎根于现实国情的自我革新。

中国道路是既有战略定力又革故鼎新的道路，它既不故步自封、拒绝创新，又不盲目求新、丧失自我。

中国道路正是守正创新之路，不讲创新就无法守正，要想守正就必须创新。但创新一定是在守正基础上的，是为了守正而创新，不讲守正的创新就是背离正道。

有些论调把中国道路的守正与创新相对立，认为改革开放与四项基本原则是对立的、抵牾的、不可兼容的。这其实是没有理解原则性与灵活性的辩证关系，没有理解改革开放与四项基本原则的内在联系。如果我们坚持四项基本原则，却不能处理应对发展中的新问题，那么我们的基本原则本身就会被质疑、被批判。改革开放的成功，恰恰是捍卫了四项基本原则，而绝不是对四项基本原则的伤害。

## 四、全盘布局，突出重点

在任何工作中，我们既要讲两点论，又要讲重点论，没有主次，不加区别，眉毛胡子一把抓，是做不好工作的。

一个人要实现自己的奋斗目标，就要全方位谋划，学习上怎么干，工作上怎么办，生活上怎么做，都要根据自己的特点，找到亟须解决的问题、突破的重点；一个领导者领导整个团队前进，也要对团队的工作进行全面设计，同时要抓重点，顾大头，“牵住牛鼻子”；一个国家的执政者设计国家道路也是如此，既要总揽全局、协调各方，又要抓住关键，做到全盘布局与突出重点相结合。

中国道路是一条全面与重点相结合的道路，是一条既讲两点论又讲重点论的道路。

如果说，统筹推进经济建设、政治建设、文化建设、社会建设、生态文明建设“五位一体”总体布局是全面考量，那么协调推进全面建设社会主义现代化国家、全面深化改革、全面依法治国、全面从严治党“四个全面”战略布局就突出了四个方面的重点；如果说，推进社会主义市场经济、社会主义民主政治、社会主义先进文化、社会主义和谐社会、社会主义生态文明建设是全面布局，那么以经济建设为中心就是突出了重点。

统筹“五位一体”和协调“四个全面”，必须坚持以经济建设为中心。正如马克思在《〈政治经济学批判〉序言》中所指出的，物质生活的生产方式制约着整个社会生活、政治生活、精神生活的过程。以经济建设为中心，才能为人们的政治生活、社会生活、文化生活提供坚实的物质基础。

我们要想从根本上改变人的政治立场，改变人的社会地位，改变人的精神境界，就要从改变人的物质生活出发，协调物质生活中的关系，化解物质生活中的矛盾。即使再强调人要积极参与政治生活，让人成为政治人，再强调人要对社会有关怀，让人成为社会人，再强调人要提升精神境界，让人成为道德人，也不能不考虑人的物质性存在。这是以经济建设为中心的“哲理依据”。

有人问，现在我们强调的是以人民为中心，这是否意味着以经济建设为中心就不要再讲了？一下子有两个“中心”，这难道不矛盾吗？

### “以人民为中心”的历史与现在

马克思、恩格斯在《共产党宣言》中指出：“无产阶级的运动是绝大多数人的，为绝大多数人谋利益的独立的运动。”列宁也强调，布尔什维克党是无产阶级的先进部队，要“为千千万万劳动人民”服务，代表他们的利益。其实，无产阶级立场就是人民的立场，因为在那个时代，“绝大多数人”就是无产阶级，无产阶级就是那个时代的最广大人民。

1939 年 2 月，在致张闻天的信中，毛泽东最早提出了“为人民服务”的概念。1944 年，他在张思德追悼会上的讲话经整理修改后，以《为人民服务》为题发表在《解放日报》上。当时，毛泽东是很自然地讲出来的，甚至连草稿都没有。他说：“我们这个队伍完全是为着解放人民的，是彻底地为人民的利益工作的”；“因为我们是为人民服务的，所以，我们如果有缺点，就不怕别人批评指出”；“中国人民正在受难，我们有责任解救他们，我们要努力奋斗……我们想到人民的利益，想到大多数人民的痛苦，我们为人民而死，就是死得其所”。在党的七大上，“全心全意为人民服务”被写进了党章，成为我们党的宗旨。

党的十八大以来，“坚持以人民为中心”多次出现在习近平总书记的系列重要讲话之中。在党的十九大报告中，习近平总书记专门对“坚持以人民为中心”进行了系统论述，其中特别指出：“必须坚持人民主体地位，坚持立党为公、执政为民，践行全心全意为人民服务的根本宗旨。”习近平总书记在纪念马克思诞辰 200 周年大会上指出：“我们要坚持以人民为中心的发展思想，抓住人民最关心最直接最现实的利益问题，不断保障和改善民生，促进社会公平正义，在更高水平上实现幼有所育、学有所教、劳有所得、病有所医、老有所养、住有所居、弱有所扶，让发展成果更多更公平惠及全体人民，不断促进人的全面发展，朝着实现全体人民共同富裕不断迈进。”

我们不能因为字面上有两个“中心”，就认为存在矛盾和冲突。以人民为中心是中国共产党执政价值理念的集中体现，是中国道路应一以贯之的价值遵循和基本导向，任何时候任何情况都不能不讲、都必须要讲，以人民为中心从未缺席、从未离场。

以人民为中心，必然要求以经济建设为中心，在改革开放初期如此，在现阶段依然如此。当前中国还处在社会主义初级阶段，这决定了我们必须坚持以经济建设为中心。

也要看到的是，中国社会主要矛盾发生了变化，人民对美好生活的需要日益强烈，国家不仅要满足人民物质文化生活需要，还要满足人民民主、法治、公平、正义、环境、安全等多方面的需要，这是强调以人民为中心的时代背景。

以经济建设为中心，也不是说为了经济发展可以不顾民主法治，可以不管社会公平，可以不要生态环境，经济建设的成果应该由更多人共享，应该为人们更高质量的政治生活、社会生活、文化生活提供扎实的经济基础，从而使以人民为中心更好地落实、落地。

## 五、乘风破浪的领航者

中国道路有目标，有科学理论，有行动方案，有原则性和灵活性，有重点有全面，但最终都要靠领导者来规划和落实。

有句话说得好，火车跑得快，全靠车头带。不敢设想，一列没有车头的火车怎么行驶，怎么把所有人送达目的地。还有句话说得好，大海航行靠舵手。也不敢设想，一艘在茫茫大海中航行的大船，没有领航者怎么能乘风破浪，一路前行。

中国道路的领导力量是中国共产党，过去是，现在是，未来也必然是。

有一首我们耳熟能详的歌叫作《没有共产党就没有新中国》，这首歌是这样唱的："没有共产党就没有新中国，没有共产党就没有新中国。共产党辛劳为民族，共产党他一心救中国。他指给了人民解放的道路，他领导中国走向光明。……"

这首歌写于1943年。这一年的3月10日，蒋介石出版了《中国之命运》一书，当中提出了"没有国民党，就没有中国"的口号。同年8月25日，《解放日报》发表了题为《没有共产党就没有中国》的社论，批判了这本书。

时年19岁的中共党员曹火星，据此创作了歌曲《没有共产党就没有中国》。后来，毛泽东听到了这首歌，认为在没有中国共产党的时候就有中国，建议加上"新"字。就是这一个"新"字，说明了中国共产党的追求，也说明了中国共产党领导人民所踏出来的道路是一条前所未有的新路。

没有中国共产党，就没有中国革命的成功，就没有新中国的成立，就没有改革开放的伟大转折，就没有中国道路的开辟，就没有新时代的重大成就。总而言之，就没有中国道路的过去与现在。

中国共产党的领导，是中国特色社会主义最本质的特征。除了中国共产党，中国没有任何政治力量有能力、有担当去承担引领中国道路的重任。

如今，中国的改革开放已经到了一个新的重要关头，进入深水区和攻坚期，中国道路面临着许多挑战、诸多问题。如何破除困境，将改革开放进行到底？以中国共产党的自我革命推动社会革命，就是切实可行、行之有效的方案。

自我革命是突破口，具有导向性、引领性。我们应该理解，一个国家、一个社会的溃败一定源于这个社会领导力量的溃败；而一个国家、一个社会的觉醒和强大，也必须源于这个国家领导力量的觉醒和强大。只有中国共产党自身的觉醒和强大，才能破除当前中国社会发展的困境，才能推动中国社会革命的完成。

在这里我们就能理解，为什么要如此强调“党政军民学，东西南北中，党是领导一切的”，为什么要如此强调全面加强党的领导，如此强调以党的政治建设为统领。这绝不是为了强调而强调，根本上是因为只有这样做，才能破解全面深化改革的困境，解决当代中国社会发展的难题。

这个方案可能不是一些人设想的理想的方案，但它一定是最管用的方案、最有效的方案，是最有可行性和现实性的方案。

03

# 第三章　中国道路书写了怎样的传奇?

短短40余年，中国从世界舞台边缘的追光者变为舞台中心的追梦人，中国道路所取得的成就有目共睹。从中国在国际地位上的变化、中国社会各个方面的发展、每个人日常生活的改变中，我们都能看到中国道路带来的变化。

中国道路书写了一部国家发展的传奇，这部传奇不仅属于中国，也属于世界，中国为自身争取到一次机会，随后给了世界一份惊喜。我们都是中国道路的亲历者和中国传奇的见证人，不应该“视而不见”，也不应该“不明就里”。

社会主义大旗如何高高举起？不同于资本主义现代化的另一种现代化何以可能？中国道路的传奇如何写就，我们有必要一窥究竟。

## 一、后发国家也能成功赶超?

国家有大小，发展有先后，这本是客观事实，再正常不过。

但不正常的是，在人类社会走向现代化的进程中，后发国家的落后却多是由发达国家造成的，它们在历史上大多曾遭受过发达资本主义国家的殖民侵略。正如马克思、恩格斯在1848年出版的《共产党宣言》中所提到的，正是资产阶级“使未开化和半开化的国家从属于文明的国家，使农民的民族从属于资产阶级的民族，使东方从属于西方”。

这段历史进程决定了一些后发国家到现在还依附于发达国家，不仅在经济领域被发达国家支配，而且在政治制度和发展道路的选择上也受制于人，无法找到让本国大踏步发展的独特道路。后发国家因此一度成为落后国家的同义语和代名词，难以实现向发达国家的转型跨越。

中国毫无疑问属于后发国家，属于被西方发达国家侵略过的后发国家。1840 年鸦片战争开始时，中国充分暴露出在世界上的落伍和落后，这种落后又由于西方发达国家的掠夺而进一步加剧。新中国的成立，给中国的追赶创造了基本前提，但后发国家的发展之路注定艰难，并不顺畅，即使到 1978 年改革开放的时候，严重落后的状况还没有根本上改变的迹象。

谁能想到，在 1978 年左右的时候，全国近 10 亿人口中有 2.5 亿人连温饱问题都没解决。据国家统计局官网数据，当时中国人均 GDP 只有 381 元，比非洲国家如刚果（金）、津巴布韦、赞比亚等国都要低。而根据世界银行的数据，当时美国人均 GDP 已经达到了 10 587 美元。中国的整体经济实力和科技实力以及其他各方面的实力，与西方发达国家相比差距较大。

再看如今的中国，在许多方面已经领先于西方发达国家。

在 2018 年庆祝改革开放 40 周年大会上的讲话中，习近平总书记对 40 年的成就进行了如下概括：40 年来，我们始终坚持以经济建设为中心，不断解放和发展社会生产力，我国国内生产总值由 3 679 亿元增长到 2017 年的 82.7 万亿元，年均实际增长 9.5%，远高于同期世界经济 2.9% 左右的年均增速。我国国内生产总值占世界生产总值的比重由改革开放之初的 1.8% 上升到 15.2%，多年来对世界经济增长贡献率超过 30%。我国货物进出口总额从 206 亿美元增长到超过 4 万亿美元，累计使用外商直接投资超过 2 万亿美元，对外投资总额达到 1.9 万亿美元。我国主要农产品产量跃居世界前列，建立了全世界最完整的现代工业体系，科技创新和重大工程捷报频传。我国基础设施建设成就显著，信息畅通，公路成网，铁路密布，高坝矗立，西气东输，南水北调，高铁飞驰，巨轮远航，飞机翱翔，天堑变通途。现在，我国是世界第二大经济体、制造业第一大国、货物贸易第一大国、商品消费第二大国、外资流入第二大国，我国外汇储备连续多年位居世界第一，中国人民在富起来、强起来的征程上迈出了决定性的步伐！

几十年的时间里，中国已经取得了西方发达国家几百年才取得的成就。这是多少后发国家求之不得的。世界上还有许许多多的国家，它们还是一如既往停留在后发的位置上，停留在落后的位置上，甚至还出现了倒退。它们多么希望能够像中国这样，在保持自己独立性的同时加快发展，实现赶超啊！

赶超是落后者的追求，但却是非常难实现的追求，也注定只能是极少数落后者才能实现的追求。在观看一些体育比赛时，我们往往会感叹于、惊讶于杀出的“黑马”，这种感叹和惊讶恰恰表明“黑马”杀出不容易。实现赶超，需要实力和智慧，需要韧劲和耐性，需要战略和策略，需要把握住机遇，一鸣惊人，一飞冲天。

一个人的赶超不易，一个国家的赶超更是难上加难。中国正是汇聚了人民的力量和智慧，找到了道路，找到了方法，抓住了时机，才最终在国与国的角逐中成功赶超。

> 世界上没有放之四海而皆准的具体发展模式，也没有一成不变的发展道路。历史条件的多样性，决定了各国选择发展道路的多样性。人类历史上，没有一个民族、没有一个国家可以通过依赖外部力量、跟在他人后面亦步亦趋实现强大和振兴。那样做的结果，不是必然遭遇失败，就是必然成为他人的附庸。
>
> ——习近平：《在纪念毛泽东同志诞辰120周年座谈会上的讲话》

中国的成就给其他后发国家带去了希望和可能，也向世界发出一个强有力的声音——后发国家不能只是对西方发达国家的发展道路亦步亦趋，它们完全应该而且也有能力走出一条具有自身特色的新路，探索出一条符合本国实际和发展规律的独立发展之路。

只有找到属于自己的道路，才有希望创造出属于自己的传奇。

## 二、高举社会主义的大旗

社会主义曾有一个无比辉煌的时代。

第二次世界大战后，社会主义的苏联赢得了极高的国际声望，曾经被德国法西斯侵略的东欧各国，看到了一条民族解放、国家独立的新路。从1944年到1949年，波兰、捷克斯洛伐克、匈牙利、南斯拉夫、阿尔巴尼亚、保加利亚、罗马尼亚、德意志民主共和国等8个东欧国家效仿苏联，建立了人民民主政权，进而走上了社会主义道路。

在亚洲，1945年9月2日，越南民主共和国成立；1948年9月9日，朝鲜民主主义人民共和国成立；1949年10月1日，中华人民共和国成立。社会主义国家由一国发展到多国，并在地理上连成一片，形成了拥有世界1/3人口和1/4土地的社会主义阵营。20世纪60年代，拉丁美洲的古巴走上社会主义道路；20世纪70年代，老挝等国也走上了社会主义道路。

是社会主义，让许多被侵略国家赢得了民族独立，并且在很短的时间内，引领这些国家在战争的废墟上重建和发展。社会主义，对很多国家来说就代表着希望和未来。然而，社会主义运动的低谷却在猝不及防中到来了。

1989年前后，东欧各社会主义国家纷纷宣布放弃社会主义制度，改走资本主义道路。1991年，苏联解体。

震惊世界的东欧剧变、苏联解体，使得社会主义运动遭受了巨大挫折，社会主义的名誉也蒙上了厚厚的灰尘。一时间，西方世界对社会主义的批判、否定、抹黑、诬蔑铺天盖地，许多西方学者以此证明，社会主义与共产主义已经寿终正寝，回天乏术。这期间最具影响力的著作包括：

尼克松的《1999：不战而胜》（1988）、布热津斯基的《大失败——二十世纪共产主义的兴亡》（1989），以及福山的《历史的终结与最后的人》（1992）等。

社会主义的实践陷入低潮，社会主义的理论也被否定。从这些书名的直白甚至露骨上，我们就可以看到西方对于社会主义的“失败”是多么自信、多么喜悦。让人感慨的是，除了西方势力的唱衰，社会主义内部否定自己的声音，也不绝于耳。

就在这满耳的质疑与唏嘘中，有一个社会主义国家顶住了重重压力，在风雨飘摇中，继续打起社会主义的大旗奋力前进。这个国家就是中国。

东欧剧变、苏联解体不但没有动摇中国走社会主义道路的决心，反而在一定程度上“刺激”中国进一步地反思以往社会主义的既定模式与话语，对社会主义道路进行了前所未有的创新，让世界看到了一个坚忍不拔、勇于开拓的社会主义中国，看到了中国坚持社会主义道路的决心与能力。

疾风知劲草，烈火见真金。如今，科学社会主义在21世纪的中国焕发出强大生机活力，中国特色社会主义成为我们最鲜明的旗帜。与历史上和现存其他社会主义国家相比，中国的这面旗帜上书写的是“中国特色”；而立足于世界舞台，这面旗帜上书写的则是“科学社会主义”。中国成功实现了对科学社会主义的发展，开拓出了一条建设社会主义的新路。

社会主义救中国，中国为社会主义正名。中国道路改变了人们对社会主义的刻板印象。苏联式的社会主义道路曾经是社会主义的代名词，苏联模式的各种弊病也成为许多人质疑、否定社会主义的重要理由。“极权”“暴政”甚至是“法西斯制度”等罪名被扣在了社会主义头上。中国特色社会主义的独树一帜，让世界看到了社会主义的别种风貌、别种可能。中国道路，打了一个漂亮的翻身仗，让世界刷新了对社会主义的印象，意识到了社会主义的力量。

中国道路的成功说明，只有把科学社会主义与本国国情结合起来，才能够真正建设好社会主义。曾经的东欧照搬苏联模式，没有对社会主义理论进行适合本国国情的创造，以致出现了很大的问题。中国也曾吃过这个亏。正反两方面的教训、国际国内的经验，都让我们深刻意识到，必须要科学把握社会主义社会的发展规律，绝不能脱离实际去搞社会主义。不是社会主义不行，不是走社会主义道路行不通，而是没有根据国情需要进行探索的社会主义道路走不通。

今日的中国，重任在肩，既已扛起科学社会主义大旗，就有责任捍卫这面旗帜，有责任让这面大旗迎风飘扬。旌旗猎猎，正当征途！

## 三、人类社会现代化并非只有一条道

自古华山一条路，这是自然造就的客观结果，也是人们看到华山的险峻地势后形成的公认观念。人类社会的现代化，是不是也只有一条路呢？

曾经在一段时间里，很多人确实是这样认为的。现代化往往被等同为资本主义化，等同为西方化，西方国家的发展道路被认为是唯一的现代化之路。原因很简单，现代化历史进程开始于西方文艺复兴和启蒙运动，是由资本的力量、资本主义生产方式、资产阶级革命推动的。

中国的现代化一开始是被动的，它不是源自中国社会内部主动的自我觉醒，而是受外力裹挟被迫进行自救的衍生品，是西方资本主义现代化全球扩张的结果。

中华人民共和国的成立，标志着中国开始主动探索现代化。新中国成立后不久，中国共产党人就提出了建设“现代化的社会主义国家”“社会主义的现代化强国”的目标。毛泽东指出：“我们不能走世界各国技术发展的老路，跟在别人后面一步一步地爬行。我们必须打破常规，尽量采用先进技术，在一个不太长的历史时期内，把我国建设成为一个社会主义的现代化的强国。”

不走西方老路，不在西方后面爬行，追求独立自主的社会主义现代化之路，是毛泽东等人对中国社会发展道路的总体性思考，也是对人类社会现代化思想的重大创新。虽然“大跃进”“文化大革命”延缓了现代化的进度，没有让人充分见证社会主义现代化的力量，但这个思路的正确性是不能否定的。

> 独立自主是我们党从中国实际出发、依靠党和人民力量进行革命、建设、改革的必然结论。不论过去、现在和将来，我们都要把国家和民族发展放在自己力量的基点上，坚持民族自尊心和自信心，坚定不移走自己的路。独立自主是中华民族的优良传统，是中国共产党、中华人民共和国立党立国的重要原则。在中国这样一个人口众多和经济文化落后的东方大国进行革命和建设的国情与使命，决定了我们只能走自己的路。
>
> ——习近平：《在纪念毛泽东同志诞辰120周年座谈会上的讲话》

中国道路延续的正是这条社会主义现代化的思路，邓小平在多个场合强调，“中国搞现代化，只能靠社会主义，不能靠资本主义”，“我们要实现工业、农业、国防和科技现代化，但在四个现代化前面有‘社会主义’四个字，叫‘社会主义四个现代化’”，“很多人只讲现代化，忘了我们讲的现代化是社会主义现代化”，“如果我们不坚持社会主义，最终发展起来也不过成为一个附庸国，而且就连想要发展起来也不容易”。

中国道路突飞猛进的发展，标志着社会主义现代化的成功，它“拓展了发展中国家走向现代化的途径”，破除了人们对“唯一”现代化的迷信，摧毁了把现代化等同于资本主义化、西方化的观念。人们有理由相信，这个世界上除了西方道路，必然还存在其他的现代化道路。现代化道路至少有两种类型——资本主义现代化和社会主义现代化。

经常会出现这种情况，一些人走出了一条路，就会骄傲地认为，只有这条路可走，后面的人也必须沿着这条路走，即使这条路并不好走。直到有一天，我们艰辛探索，走出了另外一条路，才发现这条新路是更好的、更适合我们的路。社会主义现代化是另一条道路，是更适合中国的、更好的现代化道路。

社会主义现代化不是靠剥夺其他国家、恃强凌弱的现代化，而是追求和平发展、合作共赢的现代化；不是靠依附于其他国家、卑躬屈膝的现代化，而是追求独立自主、自力更生的现代化。

我们一定要看到，社会主义现代化在人类社会发展进程中的原创性价值、独特性意义，认识到它在理论和实践上的重大贡献。不能以西方理论、西方话语为标准，来衡量中国走的路是不是现代化的，中国是不是现代化国家，中国制度是不是现代化制度。

当然，我们不会否认，中国的社会主义现代化是世界现代化进程中的一部分，有特殊性，但也有共性。我们不能因为讲社会主义现代化，就认为其与西方国家的现代化水火不容，一旦有相似点，就认为中国走了资本主义的路。

> 我们要坚信，中国特色社会主义道路是实现社会主义现代化的必由之路，是创造人民美好生活的必由之路。我们要坚信，中国特色社会主义理论体系是指导党和人民沿着中国特色社会主义道路实现中华民族伟大复兴的正确理论，是立于时代前沿、与时俱进的科学理论。我们要坚信，中国特色社会主义制度是当代中国发展进步的根本制度保障，是具有鲜明中国特色、明显制度优势、强大自我完善能力的先进制度。
>
> ——习近平：《在庆祝中国共产党成立95周年大会上的讲话》

社会主义现代化是追求包容、兼容的现代化，它充分借鉴吸收西方现代化的好的东西，而且也正是因为注重借鉴吸收，才决定了它不会止步，而会不断进步。

04

# 第四章　为什么中国道路还是社会主义道路？

《求是》，中国共产党中央委员会机关刊，2019 年第 7 期发表了一篇重要文章，题目是《关于坚持和发展中国特色社会主义的几个问题》，其作者是中共中央总书记、中共中央军委主席习近平。

---

2013 年 1 月 5 日，新进中央委员会的委员、候补委员学习贯彻党的十八大精神研讨班在中央党校开班。中共中央总书记、中共中央军委主席习近平在开班式上发表重要讲话。2019 年 4 月，该篇讲话的重要部分被发表在《求是》杂志第 7 期，题为《关于坚持和发展中国特色社会主义的几个问题》，文章的核心观点如下：

第一，中国特色社会主义是社会主义而不是其他什么主义，科学社会主义基本原则不能丢，丢了就不是社会主义。

第二，我们党领导人民进行社会主义建设，有改革开放前和改革开放后两个历史时期，这是两个相互联系又有重大区别的时期，但本质上都是我们党领导人民进行社会主义建设的实践探索。

第三，马克思主义必定随着时代、实践和科学的发展而不断发展，不可能一成不变，社会主义从来都是在开拓中前进的。

第四，我们党始终坚持共产主义远大理想，共产党员特别是党员领导干部要做共产主义远大理想和中国特色社会主义共同理想的坚定信仰者和忠实践行者。

---

文章提到，国内外有些舆论提出中国现在搞的究竟还是不是社会主义的疑问，有人说是“资本社会主义”，还有人干脆说是“国家资本主义”“新官僚资本主义”。面对这些疑问，作者的回答是“这些都是完全错误的”，并强调“中国特色社会主义是社会主义而不是其他什么主义”。

中国特色社会主义当然是社会主义，中国道路当然是社会主义道路，但为什么会被认为不是社会主义呢？我们应该如何理解中国道路的社会主义性？这个问题是道路自信的根本性问题，值得认真回答。

## 一、对中国社会主义道路的误读

之所以有些人认为中国特色社会主义不是社会主义，最直接的恐怕是因为中国社会发展现实与人们对社会主义的期望之间还存在一定差距。

很多人可能不知道到底什么是社会主义，但却相信社会主义社会一定是更美好的社会，它肯定比资本主义社会好，具体说就是要比欧美国家好，而且什么都应该比它们好，经济实力更强、生活水平更高、政治上更民主、社会更公平、国民文化素质更高等等。

反观中国社会客观实际，却没有达到他们所期望的程度。与生产力发展同时出现的是一定程度的贫富不均、生态环境破坏、人们生活压力大，再加上引入资本运作、发展市场经济，和西方国家的运作方式从表面上看并无多大差异，因此他们就得出了中国特色社会主义不是社会主义的结论。

我们不能认为我们国家既然是社会主义国家，就应该什么都好，就应该马上显示出优越性，就应该马上比欧美国家发展得好；而当我们看到中国存在一些问题、难题和矛盾，暂时不能达到自身期望时，就认为中国道路背离了社会主义。

在与西方国家比较的时候，有些人有意或无意地忽视了改革开放 40 多年生产力发展以及各领域取得的成就。一些人也并不把生产力发展看作社会主义的事业，而仅仅从生产关系、社会关系维度来理解社会主义，把社会公平、共同富裕等看作区分社会主义和资本主义的唯一标准。

新中国成立后，中国的基本国情就是贫穷落后，这决定了我们应该把发展生产力放在第一位。但是，建立社会主义的迫切追求，又使我们很大程度上还是把生产关系问题看作首要问题，从而致力于打造没有剥削、没有压迫、个人没有自私观念、人与人之间同志般友爱互助的社会。

如果这种探索建立在生产力高度发展的基础上，无疑能够通往人们满意的社会主义社会。但问题在于，这一切的努力是在生产力落后、人们普遍贫穷的基础上进行的。

中国道路还是不是社会主义道路，归根结底要搞清楚什么是社会主义。邓小平在 20 世纪 80 年代多次指出，我们并没有搞清楚这个问题。他对社会主义的认识是审慎的，没有一开始就规定什么是社会主义，而是说明了一系列“什么不是社会主义”，比如：贫穷不是社会主义，发展太慢也不是社会主义；平均主义不是社会主义，两极分化也不是社会主义；僵化封闭不能发展社会主义，照搬外国也不能发展社会主义；没有民主就没有社会主义，没有法治也没有社会主义；不重视物质文明搞不好社会主义，不重视精神文明也搞不好社会主义；等等。

“什么不是社会主义”的众多论述其实恰恰说明社会主义应该解决的问题，赋予了社会主义更多的维度。这些思考最后凝结在关于社会主义本质的论述上：“社会主义的本质，是解放生产力，发展生产力，消灭剥削，消除两极分化，最终达到共同富裕。”

中国道路以生产力发展为基础，以经济建设为中心，兼顾共同富裕、社会公平，既有中国国情的客观依据，又有唯物史观的学理支撑，认为其不是社会主义的观点是站不住脚的。

社会主义的事业应该致力于理顺生产关系，应该把社会公平和共同富裕作为重点任务，但社会主义不仅仅是生产关系和价值理想的问题，还有生产力的问题，而且生产力问题是更为基础性的问题，应该在生产力问题解决的基础上实现对生产关系和价值理想的追求。不能脱离当时中国社会现实的限定，而对社会主义做过分的、不切实际的要求。

看中国道路是否走在社会主义的轨道上，应该看我们是否一直在努力解决问题，我们的努力是否带来了改善；看生产力是否在发展，人民总体生活水平是否在提升，贫困是否在减少，社会公平、共同富裕程度是否在提高，民主法治制度是否在不断健全，等等。显然，中国道路本身已经给予了肯定的回答。

## 二、为什么不是“××资本主义”？

中国特色社会主义是社会主义而不是其他什么主义，有些人认定的“其他什么主义”，包括“资本社会主义”“国家资本主义”“新官僚资本主义”，虽然说法不一，但无一例外都是凸显资本要素，与资本主义挂钩。

之所以如此认定，是因为看到中国改革开放没有消灭资本，反而还主动引入资本运作、搞市场经济来促进经济和社会发展。

这种观念认为，以马克思主义为指导，走社会主义道路，就应该理直气壮地批判资本，就应该大张旗鼓地批判资产阶级，消灭私有制。如此重视资本，发展市场经济，实际上就是对马克思主义和科学社会主义的背离，就走向了资本主义。

还有一种观念认为，中国形式上实行的是以公有制为主体的所有制，实际上则是国家权力主宰的所有制。尤其是国有企业经营受到国家权力制约，其本身就是“国家+资本主义”的组合。而且，在中国的市场经济中，党和政府的权力起着主导性的作用，完全意义上的自由市场并没有形成，资本运营还受到权力的支配，因此中国特色社会主义实际上是权力和资本相结合的资本主义，是新官僚主导的资本主义。

对于上述这些错误观点我们要旗帜鲜明地加以批判。

我们承认，马克思、恩格斯分析的主要对象或者说面对的对手是资本，他们创立的学说一以贯之的核心问题是：人类社会发展到资本逻辑所主导的历史阶段，我们该何去何从？对于资本这个对手，他们并没有完全否定，而是在充分看到其价值和意义的基础上，思考人类社会的走向问题。

看到资本就批判，就完全否定，就以为是恶的东西，并不符合马克思主义经典作家的本意。

有资本不一定就是资本主义。正如计划和市场都是手段一样，资本本身也是一种手段，资本主义国家可以使用，社会主义国家也可以使用，关键是资本逻辑能否被规制，资本运作是服务于少数人还是服务于社会大多数人。

资本主义国家是资本逻辑渗透到社会一切领域的国家，它给了资本进入政治、主宰权力以完全的合法性与正当性。资本因此征服了权力，谁拥有更多的资本，谁就能主宰权力。

中国特色社会主义不是资本主义，一个很重要的表现就是，当代中国绝不是资本力量可以操控社会、掌控一切的国家，它没有给资本进入政治、主宰权力的合法性，因此能够规制资本逻辑的扩张。

国有企业等公有制形式，为大多数人参与生产什么、是否生产、如何

### 马克思、恩格斯对“资本”的论述

资本的文明面之一是，它榨取这种剩余劳动的方式和条件，同以前的奴隶制、农奴制等形式相比，都更有利于生产力的发展，有利于社会关系的发展，有利于更高级的新形态的各种要素的创造。

——《马克思恩格斯文集》(第7卷)

正像马克思尖锐地着重指出资本主义生产的各个坏的方面一样，同时他也明白地证明这一社会形式是使社会生产力发展到很高水平所必需的：在这个水平上，社会全体成员的平等的、合乎人的尊严的发展，才有可能。

——《马克思恩格斯文集》(第3卷)

资本主义生产——实质上就是剩余价值的生产，就是剩余劳动的吮吸——通过延长工作日，不仅使人的劳动力由于被夺去了道德上和身体上正常的发展和活动的条件而处于萎缩状态，而且使劳动力本身未老先衰和过早死亡。它靠缩短工人的寿命，在一定期限内延长工人的生产时间。

——《马克思恩格斯文集》(第5卷)

使相对过剩人口或产业后备军同积累的规模和能力始终保持平衡的规律把工人钉在资本上，比赫斐斯塔司的楔子把普罗米修斯钉在岩石上钉得还要牢。这一规律制约着同资本积累相适应的贫困积累。因此，在一极是财富的积累，同时在另一极，即在把自己的产品作为资本来生产的阶级方面，是贫困、劳动折磨、受奴役、无知、粗野和道德堕落的积累。

——《马克思恩格斯文集》(第5卷)

生产、生产的成果如何分配等提供了平台和抓手，为遏制资本的任意扩张、无止境扩张、只带来少数人财富的扩张提供了基础和保障。国有企业当前确实还存在问题，但不能因为有问题就不要国有企业，正确的思路是逐步去解决问题，让国有企业更好地体现国有性、全民性，发挥它应该发挥的作用。

有人认为，权力就是恶的，只要政府权力进入市场，去干涉资本运作，就必然带来问题，因而他们推崇完全的市场化、私有化、自由化。实际上，一个国家不可能允许这种“完全”，也没有一个国家实现了这种“完全”，因为这种“完全”的追求实现的必然是资本渗入一切领域，成为操控一切的力量。这个理论先天地假设了权力的恶、资本的善，本身也是靠不住的。

未来更为现实的方案，是通过全面从严治党、法治中国建设，打造公权力，保证权力的公共性。让资本在经济领域发挥它的作用，而限制它进入政治领域，同时，让劳动的主体性更好地发挥出来，共同推动社会的进步。

## 三、社会主义建设的科学进路

中国特色社会主义是社会主义的新探索，与任何一个思想家所描绘的社会主义社会都不完全一样，与历史上各个国家包括中国以往的社会主义实践也不一样。对于这种新探索、新事物，一些人自然很容易产生误解。

既然是新事物，就应该面向事物本身，挖掘它本身蕴含的智慧，揭示它内在的客观规律，而不是用已有的理论、曾有的实践来进行评判。但一些人总喜欢教条地理解马克思主义理论、对照曾经走过的社会主义道路来评判中国道路。

应该看到，马克思主义经典作家揭示了人类社会走向社会主义、共产主义的历史趋势，并没有完全指明具体的建设社会主义的道路，而且也不可能针对每个国家设计出具体实施的方案。曾经的社会主义国家建设的失败或挫折，恰恰是因为陷入对马克思主义的教条化理解，对苏联模式社会主义的照搬复制，没有找到符合自己国家的道路。

没有人会无缘无故成功，每个人的成功背后一定有别人无法做到的方面。中国道路无疑是成功的，这种成功一定有它的道理。认真分析就会发现，它内在地包含了社会主义建设的科学进程，把握住并且遵循了社会主义建设的规律。

中国道路是美好主观愿望与客观历史进程的统一，它既内含社会主义美好愿望，又正视中国客观历史进程；既遵循科学社会主义基本原则，也尊重中国社会发展逻辑。

在看待人类社会及其历史进程时，我们都会有两个维度，一个是美好主观愿望，一个是客观历史进程。这两个维度，其实就是理想和现实。没有好的主观愿望，只看到社会的弊病，偏执于历史的悲观论调，看不到未来的前景，肯定推动不了社会进步，打造不出美好社会；只抱有美好主观愿望，而置客观历史进程于不顾，也注定难以得到满意的结果。

谈社会主义，必然要谈社会理想，但理想总与现实相关，谈理想，就得谈现实。离开现实去空想社会主义，不考虑中国社会的客观进程，人为地设想社会主义应该是什么样的，是人们对社会主义产生困惑的根源，也是社会主义建设在历史上受挫的根源。

追求社会主义，必须着力于解决理想与现实之间的矛盾，根据本国的现实，去摸索自己的道路。立足现实，实现理想，是社会主义实践的必由之路，完全符合马克思、恩格斯所创立的唯物史观。中国道路可以说是唯物史观在中国社会主义建设上的具体应用。

社会主义是好东西，它作为理想，作为奋斗目标，作为新社会形态，肯定是好东西，但这种好东西如果认识不清，如果运用不好，也会形成难以消解的思维桎梏，制约人们的头脑，让中国社会发展走弯路，遭遇重大挫折。中国道路既坚定社会主义的目标与立场，也找到了正确的道路、科学的方法，既包含社会主义的理想信念，又包含建设社会主义的路径，从而成为理想与现实、理论与实践、主观与客观相结合的典范。

中国道路，也厘清了社会主义与资本主义的关系。现存的社会主义国家，都必须对资本主义体系开放，来谋求进步。一味地闭关锁国，只能被历史潮流抛弃。中国道路克服了沉重的理论包袱，推崇有所扬有所弃地对待资本主义文明，尽可能学习借鉴资本主义国家有利于我国社会主义发展的文明成果。当今中国正是在与资本主义体系的交流中，获得了足够多的发展空间。

## 四、理性审视非社会主义化的挑战

深刻理解中国特色社会主义的社会主义性，把握它内在的社会主义建设规律，并不代表我们要否认中国道路可能会遭遇的各种挑战。社会上出现“中国特色社会主义不是社会主义”的声音，并不是无缘无故的，实际上是对中国道路面对的深层次问题的反映，是对中国未来能否坚持社会主义的忧虑。

我们应该理性看待当代中国面对的挑战，其中，最明显的挑战无疑就是发展不平衡不充分的社会现实。防止两极分化，实现公平正义、共同富裕，是社会主义优越性的体现，但随着生产力的发展，中国贫富差距、分配不公、阶层固化的问题涌现出来，这势必会引起人们的思考——中国道路真是在实现社会主义的理想吗？

对这个问题，当然可以自信地回答“是”，但不能排除社会主义的理想有可能被现实的压力所吞没，被现实的困境所阻碍。

理想与现实的矛盾，最佳的解决之道就是立足现实，改造现实，实现理想。它还有另一种不佳的可能，即基于现实问题的考量，而放弃对理想的追求。常常出现的情况就是，为了现实的需要不得不将理想后推，甚至为了迎合现实而将理想放逐。最后变成只是在宣称坚守理想，但实际上却早已背离理想，离理想不是越来越近，而是越来越远。

中国道路需要时刻警醒，是否走着走着，就改变了社会主义的长期目标，偏离了社会主义的航向？它要用实践证明，现实是在向理想迈进。它绝不容忍社会主义公平正义、共同富裕的理想沦为一种口号，而在现实中从来不被重视，甚至不被当成追求的目标，以致没有实现的可能。

非社会主义化挑战的根源还是资本逻辑的问题。资本运作带来的问题并没有被解决，反倒是更为严峻地呈现在中国社会的面前，在享受资本带来的丰裕生活的同时，我们也不得不品尝资本运作带来的恶果，贪污腐败、贫富分化、生态困境等问题或多或少都与之有关。

在走近世界舞台中央、加强对外开放的过程中，中国道路也必须面对一国社会主义与世界资本主义体系的矛盾。如果从理想层面考察，当然可以说，中国道路可以充分利用资本主义好的方面。但是，开放是对整个世界资本主义体系的开放，利用世界资本主义体系可能会带来另外一种结果，就是被世界资本主义体系反利用，从而成为世界资本主义体系的附庸。走中国道路，要防止社会主义被资本主义所同化，走趋同于资本主义的道路，必须着力于摆脱以资为本的经济发展方式，防止资本逻辑对全社会的渗透。要记住的是，发展是硬道理，硬发展却成了没道理，必须要明晰发展是受何种力量支配，服务于哪个主体。要积极探索如何防止资本逻辑渗透到社会、政治、文化领域，解决资本操控之下社会无序生产、盲目生产、虚假生产的问题。

社会主义才能克服资本主义的一切恶疾。看到资本运作带来的问题，我们更应该坚信社会主义值得奋斗，科学社会主义基本原则必须得到贯彻。中国特色社会主义是解决当代中国各种矛盾的良药，要认识到当代中国出现的问题、困境不是社会主义本身的问题，而是社会主义制度不够完善、社会主义理想信念没能完全实现所导致的。

中国特色社会主义肩负着对于世界的重任，那就是要坚定人们对社会主义与共产主义的信念，让世界各国找到摆脱资本逻辑困境的出路，推动整个人类社会走向更加美好的未来。中国道路是积极推进社会主义理想在世界范围内现实呈现的道路，它正在努力开辟出具有世界意义的社会主义道路，为人类社会走出资本主义历史阶段探索出可供借鉴的经验。

05

# 第五章　封闭僵化的路真心要不得

中国道路是改革开放之路，是开拓创新之路，它必然反对封闭僵化的老路。提到这个话题，有些人马上会问，现在都什么年代了，还有谁会主张走这样的道路？还有人问，我们以前走过这样的路吗？今天还有可能出现向老路回归的问题吗？

没有谁会承认自己主张走封闭僵化的老路，也没有谁愿意承认自己有封闭僵化的思维，但事实证明，封闭僵化的思维仍有可能存在，甚至还有可能会阻碍中国道路的实践。因此，探讨这个话题，依然有现实意义，只有彻底摒弃封闭僵化思维的影响，才能更加坚定我们对中国道路的自信。

## 一、奈何总是“回头看”？

中国道路作为新路，是在老路的基础上开辟出来的。它不可能全是坦途，没有荆棘。改革开放带来了社会进步，在发展过程中付出代价在所难免，有些人却往往是一看到问题，就认为只有过去的社会好，过去的路走得好。

从这种观念出发，要解决中国资本运作、市场经济带来的种种问题，就必须坚持“真正的马克思主义”，走“真正的社会主义之路”。持这种观点的人认为，坚持马克思主义，就必须促进社会公平正义，实现真正的共同富裕，就不能不讲革命、不讲阶级，而要讲真正意义上的革命，就必须明确革命的对象，进行阶级斗争，消灭一切资本主义因素，打倒资产阶级，消灭私有制，马上实现真正的公有制，等等。

上述主张实际上还是要延续阶级斗争道路，是要让中国回到改革开放前，如若将之转化为行动，就会给中国社会带来动荡，阻碍社会的进步。虽然这种思维方式并不占据主流，但如果对此没有清晰研判，就会形成难以消解的思维桎梏，导致中国社会走弯路，走错路，遭遇重大挫折。

这些人在国内问题上如此主张，在国家与国家关系问题上，则是过度强调中国同西方国家的社会制度差异，认为世界上的国家只有两种，要么是资本主义国家，要么是社会主义国家。他们对自己认定的社会主义国家，就天然有好感，而对认定的资本主义国家，就从骨子里反感。

有些人对人类命运共同体感到特别疑惑，认为我们是社会主义国家，是要消灭资本主义的，怎么能够与资本主义国家合作，还要建立“命运共同体”？有些人总是戴着有色眼镜看欧美国家，拒绝承认这些国家有可取之处，认定它们的资本主义、帝国主义本性不会改变，它们对中国的友好都是有阴谋的。有些人一看到中国和西方国家在某些方面采取的政策、措施有一定相似之处，就开始谩骂或斥责，批评中国在“走资本主义道路”。有些人喜欢谈资本主义国家“真不行了”，要崩溃了……

但是，国家与国家之间，不是只有社会制度之分，不能将其他国家简单贴上资本主义的标签，然后武断地划分敌我，以完全对立的观念思考国际关系。这其实是冷战思维在作怪，只会导致自我封闭、孤芳自赏。我们不仅要存异，还要求同，要在客观承认差别甚至对立的基础上追求合作共赢。

面对改革开放以来的中国文化状况，还有一种往回走得更远的观念，即不仅要回到改革开放前，甚至还要“回到传统社会”，认定经过资本运作、市场经济洗礼的当今中国面对的文化、价值、精神、道德层面的困境，要通过也只能通过传统文化的复归来走出。

谁也不会否认中国传统文化源远流长、博大精深，一些基本价值理念、名言警句在潜移默化影响中国人的言行方面，具有不可替代的价值。优秀传统文化的元素值得我们深入挖掘，进行创造性转化和创新性发展。但我们不能因此陷入“文化复古情结”和“传统文化救赎论”的窠臼，更不能假定传统社会是比现代社会更讲道德的道德型社会，假想那个时期的人们全都淳朴、善良、诚信，看重、遵守道德规范，坚守底线，追求境界。

传统文化归根到底是在以特权与等级为主导的统治秩序中形成的，传统社会对人的剥削和压迫就是在稳定的道德秩序、价值体系下进行的。看到传统社会所留下的典籍，留下的为人处世、修身正心的名句，不能想当然地认为在当时的社会生活中实际情况也是如此。道德上的言论不代表就是道德上的实际行动，书本描述的人生境界不代表以前的大部分人就真的达到了。

从社会形态变革的角度看，中国从传统社会进入现代社会，必然伴随价值观念的重建，必然要革除一些不符合现代社会要求的传统价值观念。传统文化的很多文字、言论再好，直接搬过来也无法产生实效，一些东西已经被历史所淘汰，总去感叹、留恋它们曾经发挥的作用，人为强调它们的当代意义、重大价值，只是一厢情愿、于事无补。

当然，这种观念只是主张用向传统文化复归来走出中国文化困境，没有主张当代中国要重走传统社会走过的路，也没有从整体上否定中国道路本身，构不成对中国道路的根本威胁。我们更需要分析的是，认定中国道路走偏了的封闭僵化的老路思维为何会出现。

## 二、为何会陷入封闭僵化的思维中？

老路，是曾经走过的路，可能是有缺陷的路，也可能是在当时条件下走得很对很好的路。新路，往往是在老路的基础上，后来开辟出来的路，是更为宽广、更为便捷的路。当然，人们不会因为有了新路，就忘记老路当时所起的作用，就否定老路曾经带来的便利。

新路会比老路好，但也不可能是完美之路。在走了一段时间后，我们难免会发现新路也有问题，甚至还会出现在老路上不曾遇到的问题。于是，分歧就会产生，有人可以正确、理性地应对，主张解决问题后继续往前走，有人却主张重新走回老路。不仅是走过老路的人有这种想法，一些没有走过老路、只看到新路有问题的人，也会觉得走老路更好。

在看到新路的问题时，就想到老路有多好，认为最终还是得走老路，这就转向了封闭僵化的思维，老路在新的条件下就变成了封闭僵化之路。

有的时候，不是老路本身有问题，而是在我们已经有新路的情况下，还想着要走回老路，才有问题。

可以理解，一个人在其成长的道路上，越是面对不如人意的现实，陷入迷茫困顿的状态，就越容易频频回望，回忆之前的美好，想要走回头路。生活在历史进程中的人，很容易看到并批判现在的问题，而对未曾经历的历史时期进行主观的美好想象。但稍不留意，就会陷入历史悲观论中难以自拔。

对以前社会阶段的美好幻想，对当今社会问题的过度夸大，都会带来封闭僵化的思维。封闭僵化的思维，是必须批判的思维。阻碍中国道路的封闭僵化思维，产生的原因往往不是人们观念陈旧、不思进取，而是在面对客观存在的问题、寻求未来解决之道的时候，过度地夸大了理想、应然的维度。

封闭僵化者，往往坚信马克思主义理论是不容更改的，认为只要严格遵循这套理论走，就能解决当前中国的问题。他们认定，改革开放不是中国必然要走的路，其所带来的问题也不是必然出现的客观结果。中国种种问题的产生，就是由于没有真正坚持马克思主义理论，没有真正坚持社会主义道路，而是走了变通的或事实上不是社会主义的道路。

> 对待马克思主义，不能采取教条主义的态度，也不能采取实用主义的态度。如果不顾历史条件和现实情况变化，拘泥于马克思主义经典作家在特定历史条件下、针对具体情况作出的某些个别论断和具体行动纲领，我们就会因为思想脱离实际而不能顺利前进，甚至发生失误。什么都用马克思主义经典作家的语录来说话，马克思主义经典作家没有说过的就不能说，这不是马克思主义的态度。同时，根据需要找一大堆语录，什么事都说成是马克思、恩格斯当年说过了，生硬“裁剪”活生生的实践发展和创新，这也不是马克思主义的态度。
>
> ——习近平：《在哲学社会科学工作座谈会上的讲话》

封闭僵化者评价改革开放、中国道路的标准，是他们自己所理解的“真正的马克思主义理论”，是他们自己所理解的“真正的或纯粹的社会主义社会”。他们的出发点是，理想的社会主义应该是什么样的，从理论上应该采取什么样的行动来实现。他们是从应然而不是从实然出发，是从自己的主观想象而不是从中国的客观实际出发，没有坚持主观与客观、理论和实践相统一。

封闭僵化的思维可以说是教条主义的思维，是对马克思主义、社会主义理论教条化理解生成的思维；也可以说是理想主义的思维，是对社会主义社会及其建设道路的理想化、应然化想象生成的思维。

从理论的、理想的或应然的角度来思考中国道路未来走向时，结果不是向前看、向前走，而是往回看、往回走，认定还是从前好、以前对，这无疑是令人沮丧的。

为什么会如此呢？是因为封闭僵化者需要“现实”来证明理论的正确、理想的可行，而当前或未来社会不足以提供这样的“现实”，那么从历史上寻求“客观”依据就是自然而然的事情了。

只是，这种“客观”经不起推敲，注定也只是假想的美好现实。

> 历史是不断向前的，要达到理想的彼岸，就要沿着我们确定的道路不断前进。每一代人有每一代人的长征路，每一代人都要走好自己的长征路。今天，我们这一代人的长征，就是要实现“两个一百年”奋斗目标、实现中华民族伟大复兴的中国梦。
>
> ——习近平：《在纪念红军长征胜利80周年大会上的讲话》

改革开放前的社会主义建设道路在当时是对的，是应该走的，但时代背景已经发生变化，道路必须与时俱进，再走回老路是不可能的。坚持唯物史观，坚持历史进步论，是避免封闭僵化思维出现的前提。

对社会抱有美好想象、憧憬，看到社会发展的问题就忧心忡忡，这种精神是值得肯定的。但是，一旦美好想象遭遇冰冷现实，就开始怀旧，想要回到过去，让所有一切重演，注定是错误的。

遇到问题，不应往回看，而要向前看。我们必须走好脚下的路，坚定信念，脚踏实地。在饱经沧桑后，我们应该学会放弃很多不切实际的想法，学会务实，认识到美好的理想需要一步一步向前走，才有可能照进现实。

## 三、无缝对接的“革命”与“改革”

天下路都是一条连着一条，没有哪一条路是忽然冒出来的孤路。走过一条路，才能到另一条路；走到了另一条路，一定是走过了某条路。没有之前走过的路，我们走不到现在所走的路。

习近平曾指出：一切向前走，都不能忘记走过的路；走得再远、走到再光辉的未来，也不能忘记走过的过去。

中国道路不是从天上掉下来的，而是我们历尽千辛万苦、付出各种代价一步步走出来的路。找到这条正确的道路，离不开对之前中国革命、建设经验和教训的总结。如果说中国道路是我们正在走的路，之前的新民主主义革命、社会主义革命与社会主义建设之路就是我们走过的路。

道路是一步一步走出来的，跨出第一步，才有第二步。从整个中国近代以来的历史进程看，中国共产党带领人民完成了新民主主义革命和社会主义革命，并在汲取社会主义建设经验和教训的基础上，开启了改革开放，从而为中国道路的开辟创造了前提和条件。

正是改革开放，将近代以来中国走的路，分成了无缝对接在一起的两段路，也把新中国成立以来的历史分成了无缝对接的两个时期。但与之相关的模糊的、错误的观念也出现了：把改革开放前的历史时期看作革命阶段，视为“革命之路”，而把改革开放后的历史时期看作改革阶段，视为“改革之路”，进而认定两个阶段的事业是完全不同的，“革命之路”与“改革之路”是截然不同的路。这种观念是将改革开放前后两个时期割裂开来，要么认为改革开放前的历史时期完全是封闭僵化、倒退落后的，甚至是一片黑暗的，要么认为改革开放是对革命事业的背离，是今天中国一切社会问题产生的根源。

不可否认的是，改革开放前后两个历史时期，确实在指导思想、方针政策、实际工作方面有很大差别，但两个时期本质上都是社会主义建设的实践探索，有重大区别但又相互联系，绝不是彼此割裂的，更不是根本对立的。正如习近平所强调的：“不能用改革开放后的历史时期否定改革开放前的历史时期，也不能用改革开放前的历史时期否定改革开放后的历史时期。改革开放前的社会主义实践探索为改革开放后的社会主义实践积累了条件，改革开放后的社会主义实践探索是对前一个时期的坚持、改革、发展。”

改革开放前的社会主义建设遇到了重大挫折，但不能因此否定这个阶段中国所取得的历史进步，否认它为改革开放的推进、中国道路的形成积累了重要的思想、人才、物质条件，积累了正反两方面经验。我们也绝不

> 我们党领导人民进行社会主义建设，有改革开放前和改革开放后两个历史时期，这是两个相互联系又有重大区别的时期，但本质上都是我们党领导人民进行社会主义建设的实践探索。中国特色社会主义是在改革开放历史新时期开创的，但也是在新中国已经建立起社会主义基本制度、并进行了20多年建设的基础上开创的。虽然这两个历史时期在进行社会主义建设的思想指导、方针政策、实际工作上有很大差别，但两者决不是彼此割裂的，更不是根本对立的。不能用改革开放后的历史时期否定改革开放前的历史时期，也不能用改革开放前的历史时期否定改革开放后的历史时期。要坚持实事求是的思想路线，分清主流和支流，坚持真理，修正错误，发扬经验，吸取教训，在这个基础上把党和人民事业继续推向前进。
>
> ——习近平:《在新进中央委员会的委员、候补委员学习贯彻党的十八大精神研讨班开班式上的讲话》

能认为改革开放是对社会主义的背离，正是改革开放时期中国道路的创立与发展，才带来了社会主义中国如今的大好局面。

改革是中国的第二次革命，是当代中国新的伟大革命，认为改革背叛了革命理想、革命事业的观点，也是站不住脚的。我们通过革命建立了社会主义制度，改革则是社会主义制度的自我完善和发展，不同之处只是在于改革不改变基本制度，改变的是具体体制。

有种观念认为，改革与革命是实现社会变革的两种截然不同的路径。改革是自上而下的，是执政者为维系执政地位积极主动采取的变革方式，它是温和的、循序渐进的；革命本身是否定性的、解构性的，甚至是暴力性的、摧毁性的历史活动，要划分敌我，要变革制度，要打破秩序。

这种观念突出了革命的否定性、解构性的特点，而忘记了革命本身的目的不是摧毁，不是打破，不是暴力，而是要建造出新制度、新秩序、新社会。

“革命”一词包含“革”和“命”两层意思，如果说“革”是指对旧制度、旧秩序、旧社会的“革除”“摒弃”，那么“命”不仅可以理解为“天命”“命运”，也可以理解为“命制”“建构”，就是对新制度、新秩序、新社会的命制、建构。革命，有“革”有“命”，只讲革除、摒弃，不讲命制、建构，那革命永远只能停留在“破”的层次上，而没有“立”起来，革命的理想也就没有实现的可能。

“革”是服务于“命”的，革命的目标是建立新制度、新秩序、新社会，如果只强调“革”而不注重“命”，不追求对新制度、新秩序、新社会的命制、建构，那就只能是“革命尚未完成”，就只能是为了革命而革命，最终只会给推动历史进步的革命泼上污水。

改革要完成革命的事业，而真正意义上的革命完成，整体上看就是使中国社会从传统社会变为现代社会，使中国成为社会主义现代化强国。

这无疑是更为长期、更为复杂、更为艰巨的过程，我们不能看到情况错综复杂、推进难度大或出现挫折，就想回到老路上去，应该对改革的长期性、复杂性、艰巨性有清醒认识，坚决地在中国道路上走下去。

06

# 第六章　改旗易帜的路就是行不通

中国道路是改革开放之路，是开拓创新之路，但开拓创新绝不意味着改旗易帜。旗帜，事关道路性质，决定了是此道路而不是别的什么道路。我们说，举什么旗，走什么路，如果连旗帜都换了，路自然已成他路。

中国道路是社会主义道路，社会主义就是中国道路的旗帜。有些人意识不到这个旗帜的价值，总觉得举什么旗并不重要，只要有利于中国进步就行，改旗易帜又有何不可？为什么一定要管是资本主义还是社会主义呢？西方是发达国家，我们是发展中国家，有现成的路可学、可走，我们为什么偏要较这个劲？

旗帜不能改，无论从历史出发还是从现实出发，我们都应该看到，改旗易帜的路一定是邪路，在中国就是行不通。

## 一、前车之鉴，世上没有后悔药

从 1922 年 12 月 30 日建立，到 1991 年 12 月 25 日解体，世界社会主义大国苏联还没有迎来自己七十岁华诞就解体了。

苏联分崩离析，苏共垮台，原因众多，也众说纷纭，但最根本的原因无疑是自己否定自己的道路，否定苏联的历

1991 年 12 月 25 日，苏联总统戈尔巴乔夫发表电视讲话宣布辞职，苏联解体，苏维埃社会主义共和国联盟的历史宣告终结。图为苏联解体后，乌克兰基辅一军事学校的士兵将戈尔巴乔夫肖像摘下。

史、苏共的历史，否定列宁、斯大林等引领道路的伟人，否定指导道路的思想。

对西方贩售的经济、政治、意识形态的“配套大餐”，以戈尔巴乔夫为代表的苏共领导人，却赞不绝口。一个曾经牢不可摧的“堡垒”不攻自破，偌大的一个社会主义国家分崩离析。

但是，苏联全盘否定自己，主动向西方“投怀送抱”，迎来的却不是新的光明大道，而是满目疮痍。西方卖力推销、苏共上层照单全收的西方道路，生硬地嫁接在经受了社会主义洗礼又亲手把它抛弃的苏联身上，就像给病人动了一次并不成功的换心手术，结果病没有治好，人却元气大伤。

《二手时间》通过口述采访的形式，讲述了苏联解体后痛苦社会转型中的俄罗斯普通人的生活。在书中，从学者到清洁工，每个人都在重新寻找生活的意义。该书分为上下两部分，采访了生长于理想之下的俄罗斯人和今天的俄罗斯人，以及阿塞拜疆等原苏联国家的普通人，呈现了他们的生活细节、所感所想。

经历过苏联时代的现任俄罗斯总统普京说：苏联解体是20世纪地缘政治上最大的灾难，对俄罗斯人民来说是一个悲剧。

白俄罗斯著名作家、诺贝尔文学奖获得者阿列克谢耶维奇在她的《二手时间》一书中，讲述了苏联解体后20年间许多普通人的生活，20个故事，不论讲述人是什么立场，整本书的基调是灰暗的。他们的故事和诉说让读者震惊，有一位读者写道：“只有俄罗斯人有了切肤之痛，上了自由民主的幼稚病的当，读者们才清醒了一些。”

可以理解，解体前的苏联确实出现了一些问题，经济结构比例失调、政治体制趋于僵化等问题客观存在，而且经过长时期的改革努力也没见好转，人们自然会对自己的道路有所怀疑。这是再正常不过的事情。不正常的是，出现问题就全盘否定一切，就把自己曾经做出的成绩、自己的社会主义大方向全部否定。

越在出现问题的时候，越需要坚定自己的路，越需要防止受杂音或诱惑影响而停止前进、临时变道。

一个国家的道路，摧毁容易重建难，断送容易再续难。

一个人走错了路，误入歧途，再悔改都要付出重大代价，何况一个国家走错了路，变错了道？这注定是一代人，甚至几代人的悲剧。

如果当时苏联没有变道，没有解体，有效应对“和平演变”，坚定地走在自己的道路上，今天的苏联会怎样，世界又将会是怎样的格局？

然而，历史不容假设，也没有后悔药。我们能做的只有以史为鉴，防止悲剧重演。在旗帜问题上，我们头脑必须十分清醒，要保持战略定力，坚定地走在自己的道路上，绝不能在根本性问题上出现颠覆性错误，绝不能受人蛊惑而断送自己的大好前程。

在《二手时间》这本书里，一位苏联老兵这样说道：“我对所有人都说：看看人家中国人，他们就是走自己的路。不依赖任何人，不模仿任何人。”

这位老兵对苏联恨铁不成钢，对中国道路则表现出了发自内心的赞赏，道出了中国成功的真谛。虽然国内外批判质疑之声不绝，中国依然践行着社会主义理想，根据本国国情，坚定地走着自己的路！

## 二、适合别人的不一定适合自己

改旗易帜背后的逻辑，是自己的道路出现了一些问题，看到别人的道路挺好，再加上别人的批判质疑、劝告建议，就内心动摇，想改走别人的路，以为走了和别人一样的路，就不会再有问题，就能和别人一样好。

历史不容篡改，更不容遗忘。早在《论人民民主专政》一文中，毛泽东就总结了近代中国对西方道路由崇拜到失望的过程。最后的结果是，“帝国主义的侵略打破了中国人学西方的迷梦。很奇怪，为什么先生老是侵略学生呢？中国人向西方学得很不少，但是行不通，理想总是不能实现。多次奋斗，包括辛亥革命那样全国规模的运动，都失败了”。“就是这样，西方资产阶级的文明，资产阶级的民主主义，资产阶级共和国的方案，在中国人民的心目中，一齐破了产。资产阶级的民主主义让位给工人阶级领导的人民民主主义，资产阶级共和国让位给人民共和国。”

但我们都认同一个道理，鞋子合不合脚，只有自己知道。别人的鞋子合别人的脚，却不一定合自己的脚。别人的鞋子再美，尺码不对，自己穿上也只能是硌脚害足。

别人的路再好，我们再羡慕，也不一定适合自己。选择什么样的路，适合，才是最关键的标准。不适合自己，盲目地依葫芦画瓢，强行改走别人的路，反而会让自己无路可走。

中国选择社会主义，开辟中国特色社会主义道路，不能改旗易帜走西方式的资本主义道路，根本上正是因为这条路适合中国。这条路是由中国的历史发展、文化传承与国情决定的。

任何一个国家、民族的道路，都是从历史中走出来的，首先要遵循其历史逻辑。习近平曾指出，“一个国家实行什么样的主义，关键要看这个主义能否解决这个国家面临的历史性课题”。正是社会主义这个主义，解决了中国面临的历史性课题。

改旗易帜的论调，不顾中国道路的历史，忘记了是社会主义的理论与理想引领我们建立了一个新中国，忘记了是中国特色社会主义使中国快速发展起来。

有些人主张中国应该改走西方的资本主义道路，却忘了，我们不是没有走过资本主义道路，但是它在中国没有走通，别人也不允许你走。历史已经证明，依靠西方、复制西方的道路在中国是行不通的。历史不容假设，也不容篡改，更不容遗忘。不能因为要佐证自己的观点，就得了“历史的健忘症”。

一个国家、民族的道路，也是其特有的文化积淀的结果。文化的差异，是最深层次的差异，人类文化的多样性，决定了国家发展道路的多样化。西方道路是西方文明孕育的，中国道路也是中国文化滋养的。

中国文化与西方文化的气质有很大的不同，美国人喜欢的东西，中国人不一定喜欢，甚至可能不理解、厌恶。其中的差异不能以优劣划分，这再正常不过。比如说，对于个体自由的理解，中西方文化就有很大的不同，硬要把中国人的文化价值观换掉，换上美国人的，说中国人的自由观就是落后，美国人的自由观就是先进，那不仅不应该，而且不合逻辑。

强行把不同文化价值观体系所影响的社会模式、政治制度乃至民族信仰进行“移植”，即使一时成功，也不可能稳定长久。

中国道路是在对中华民族 5 000 多年悠久文明的传承中走出来的，中国传统文化中的以民为本、天下为公、自强不息、知行合一等优秀理念，已经熔铸成我们的民族性格，深刻影响着我们对所走道路的选择。

可能也有人会指出，中国道路离不开中华优秀传统文化的滋养，也离不开社会主义先进文化的支撑，但社会主义本身不是外来的吗？社会主义先进文化不是外在于本土文化的文化形态吗？

要看到的是，马克思主义、科学社会主义虽然起源于 19 世纪的欧洲，但它早已成为跨越时代的世界性的思想、学说，其在中国扎根，有当时中国革命实践的需要，但根本上还是因为其内含的价值观念，与中国优秀传统文化存在着耦合之处，特别是二者的主导价值理念都是社会公平而非个体自由，二者都包含着治国理政的智慧，都有对未来理想社会的共同追求。

中国特色社会主义的形成，已经强有力地说明了社会主义早就不是舶来品，也说明了社会主义文化不再是外来文化，而是在传统文化基础上生成的当代中国文化形态。可以说，我们今天所讲的社会主义先进文化，本身是对传统文化优秀部分的继承和发展。经过创造性转化、创新性发展的优秀传统文化，是社会主义文化的一部分。优秀传统文化的当代表现形式也就是社会主义文化，不能只讲两者区别而不讲两者的统一性。

一个国家的道路，也是由其独特的国情决定的。离开国情谈道路，谈的注定是纸路、虚路、错路。西方道路也是西方国家从自己的历史、文化与国情中走出来的。学习西方道路的经验，要真正学到家，其实也是要从本国的历史、文化与国情出发，而不是移植它们国家的模式到中国来，让中国走上它们的道路。

> 每个国家和民族的历史传统、文化积淀、基本国情不同，其发展道路必然有着自己的特色。一个国家的治理体系和治理能力是与这个国家的历史传承和文化传统密切相关的。解决中国的问题只能在中国大地上探寻适合自己的道路和办法。数千年来，中华民族走着一条不同于其他国家和民族的文明发展道路。我们开辟了中国特色社会主义道路不是偶然的，是我国历史传承和文化传统决定的。我们推进国家治理体系和治理能力现代化，当然要学习和借鉴人类文明的一切优秀成果，但不是照搬其他国家的政治理念和制度模式，而是要从我国的现实条件出发来创造性前进。
>
> ——习近平：《在中共中央政治局第十八次集体学习时的讲话》

从革命到改革，从过去到现在，我们走出的中国道路建立在对各阶段国情深入把握的基础上。邓小平曾经深刻地指出：“我们的现代化建设，必须从中国的实际出发。无论是革命还是建设，都要注意学习和借鉴外国经验。但是，照抄照搬别国经验、别国模式，从来不能得到成功。这方面我们有过不少教训。”

改旗易帜论者往往只是在畅所欲言西方道路多么多么好，却鲜少把落脚点放回到中国现实国情上，也很少考量中国实际能否容许他们的理论畅想。他们的道路是从书本上、从别人身上硬扒下来的，而不是脚踏实地走出来的。他们把既有理论和经验神圣化，不是用现实去匡正理论，而是用理论去剪裁现实。

他们应该懂得这个道理：不适合自己的道路，即使被吹得天花乱坠，对行人来说，也是错误的路。

## 三、不存在十全十美的国度

改旗易帜背后的逻辑错误，还在于假想出了一个十全十美的国度。这个完美国度的化身，实际上就是以美国为代表的欧美发达国家。而目前的中国，与一些人设想的完美国度相去甚远，因此必须什么都要向别人学习，结果必然会出现一切向“西”看、走别人的路的思维观念。

也就是说，改旗易帜论者实际上是以想象中的完美的西方国家为标准来评判中国道路，来要求中国改变道路的。

尽管越来越多的人意识到西方国家不是尽善尽美的，不是什么都比中国好，本身也存在各种各样的问题，但对于西方的溢美之词，在今天依然盛行不衰。西方的体制更民主，西方的医疗更先进，西方的教育更公平，西方的公民素质更高，等等，仿佛“西方”二字带有巨大的魔力和神圣的光环，凡事谈及西方就显得高大上。

一些人认为中国出现的问题无法解决，但对于西方的问题，却选择性失明。看到中国出现的问题，他们就会不经意地来一句“你看看人家美国”“你看看人家德国”，在各种社交平台上动不动就说“这事情如果发生在美国，那一定……”，而当欧美国家出现了一些问题的时候，有些人往往会说，我们还不如人家呢，别老盯着人家的缺点不放！这说明，一些人还是没有从西方崇拜论中走出来，“外国的月亮比较圆”的心态还不曾真正改变。

虽然大家都认同没有十全十美的人，但一些人却总是假想出近乎完美的国家。这当然不是为了假想而假想，很大程度上，是为了揭示中国的落后，是为了批判中国的问题。这种假想当然能起到一定的积极作用，那就是能激发我们努力赶超，能够时刻让我们感受到我们还不够好，我们还必须更加努力。

但问题是，久而久之，这种假想会让一些人自惭形秽，失去自信，唯“西”是从，对“西”马首是瞻。最终，它起到的不是正面的推动作用，而是难以想象的负面作用。

我们应该坚持全面地、客观地看待每一个国家，认识到任何道路、任何国家、任何阶段都会存在问题，存在矛盾，并没有所谓十全十美、毫无问题的“黄金天国”。毛泽东曾说过：“有人以为一到了社会主义社会，国家就十分美好，没有什么坏的东西了，这其实是一种迷信。”这句话可以推广使用，认为西方国家十分美好，没有什么坏的东西，同样是一种迷信。

> “是非疑，则度之以远事，验之以近物。”冷战结束以来，在西方价值观念鼓捣下，一些国家被折腾得不成样子了，有的四分五裂，有的战火纷飞，有的整天乱哄哄的……如果我们用西方资本主义价值体系来剪裁我们的实践，用西方资本主义评价体系来衡量我国发展，符合西方标准就行，不符合西方标准就是落后的陈旧的，就要批判、攻击，那后果不堪设想！最后要么就是跟在人家后面亦步亦趋，要么就是只有挨骂的份。
>
> ——习近平：《在全国党校工作会议上的讲话》

还有一种被奉为金科玉律、似乎无可置疑的观念，那就是认为西方国家已经是发达国家，因而也已经是完全实现现代化的国家，它们已经跑到了现代化的终点，而中国还在现代化的进程中，还跑在路上。我们努力的方向就是快点跑，赶上它们。这种观念不认为中国与西方国家在现代化道路上是并排跑，而是看作一前一后跑，而且在前面的西方国家已经到达终点。

必须明确，在现代化的征程中，中国与西方国家是在并排跑，没有一个国家已经完成了现代化。国家发展水平高不代表就完成了现代化，除非我们认定资本所主导的现代化就是现代化本身，认定靠掠夺其他国家成全本国利益，实现少数人掌控大量财富、主宰权力就是现代化的标志。

每一个国家都在努力解决自己的问题，以推进更为理想的现代化。现代化是进行时而不是完成时，西方世界也有许多棘手的问题。就拿西式民主来讲，西方学界已经在进行很深刻的反思，探寻西方民主的制度性缺陷与现实困境的解决办法。

当然，我们也不否认中国存在问题，关键是应该如何看待中国现阶段发展途中遇到的问题。辩证法教给我们的道理是，应该抓住主流和支流，而不是放大支流，刻意抹灭主流。我们应该看到，目前中国的发展是进步占主流。中国现在确实存在许多问题，但这些问题是整体进步基础上的阶段性问题，不要抓住这些问题，就抹灭所有的成就，否定自己的道路，进而丢失自信。

我们应该有清醒的头脑，不能一看到问题，就走向极端。如果只盯着问题看，偌大一个国家，每天都会发生社会问题，难道就认为这个国家是暗无天日的吗？以同样的方式看待美国、法国、英国乃至任何一个国家，得出的结论恐怕都是一样的。这并不是一种科学的、可行的思考方法。

对于中国的问题，没有人视若无睹、置之不理，我们一直在努力解决，但任何问题的解决都需要时间，也需要信心和耐心。一些人对西方充满了信

> 中国特色社会主义，承载着几代中国共产党人的理想和探索，寄托着无数仁人志士的夙愿和期盼，凝聚着亿万人民的奋斗和牺牲，是近代以来中国社会发展的必然选择。我们强调坚定道路自信、理论自信、制度自信、文化自信，不是说就固步自封、不思进取了，我们必须不断有所发现、有所发明、有所创造、有所前进，使中国特色社会主义永远充满蓬勃生机活力。同时，我们要永远记住，我们所进行的一切完善和改进，都是在既定方向上的继续前进，而不是改变方向，更不是要丢掉我们党、国家、人民安身立命的根本。
>
> ——习近平：《在纪念红军长征胜利 80 周年大会上的讲话》

心，也充满了耐心，但对自己的国家却缺少这种信心和耐心。当然也不排除有些人爱之深，责之切，正是因为太希望中国好，反而看不得中国出现一点点的问题。

正如没有完美的国度一样，对于国家道路而言，也没有包治百病、一试即灵的完美方案。把中国进步的希望，寄托在一朝改旗易帜就解决所有问题，只是一种幻想。为了幻想中的完美国度，抛弃一路指引我们披荆斩棘的社会主义旗帜，抹杀我们一路上艰苦奋斗取得的不易成果，更是一种愚昧。

07

# 第七章　应如何比较中国道路与西方道路？

讲中国道路，不能不提西方道路。总有人会在两条道路之间进行孰优孰劣的简单比较，而在比较的过程中，也总有人习惯上认定西方道路具有优越性。西方道路就是令人心仪甚至值得顶礼膜拜的道路吗？我们真的全面了解西方道路吗？应该如何估量中国道路的独特价值？中国道路提供了哪些西方道路所没有的元素？在与西方道路的比较中，我们会更加理解中国道路的魅力。

## 一、西方道路真的是文明之路吗？

一些人认定西方道路好，根源应该在于西方国家如今是发达国家。他们认为西方国家是更文明、更民主、更讲法治的国家，其道路自然就是好路，就是值得走的路，甚至就是通往文明之路、通往自由之路。这是一部分人的想法，而且在这些人看来，这是再自然不过的事，没什么好争辩的。

但历史告诉我们，国家发达，不代表其道路就文明，就值得推崇。

真实的西方道路到底是什么样的呢？只要稍稍了解一下历史，我们便会明白。

在《资本论》第一卷中，马克思讲述了资本究竟是如何来到世间、如何登上历史舞台的。马克思告诉我们，资本的原始积累是建立在征服、奴役、劫掠、杀戮的基础之上的，是用血和火的文字载入人类编年史的。

土著被剿灭，美洲金银产地的发现，对东印度的征服和掠夺，把非洲变成贩卖黑人的场所，同时也包括入侵中国，将中国变成半殖民地半封建

**马克思批判资本主义殖民掠夺的文章**

1848 年 2 月底，《共产党宣言》问世，批判了资产阶级的侵略性和殖民掠夺性将整个世界裹挟到资本主义的生产方式中去。

1857 年 3 月 22 日前后，马克思写就的《英人在华的残暴行动》，批判揭露了英国殖民者违反条约法纪、参与倒卖人口的恶毒行径。

1858 年 8 月 31 日和 9 月 3 日，马克思先后写了两篇《鸦片贸易史》的专题文章，谴责英印侵略分子利用对华私运和推销鸦片的不法手段，毒害中国人民，挑起两次鸦片战争，极为恶劣和卑鄙。

1858 年 9 月 28 日，马克思完成《中国和英国的条约》，批判了英国向中国售卖鸦片的野蛮行径。

1859 年 10 月，马克思发表《英中条约》，斥责英国政府“惯于吹嘘自己道德高尚的约翰牛，却宁愿隔一定的时候就用海盗式的借口向中国勒索军事赔款，来弥补自己的贸易逆差”。

社会，这些事件充分说明了“资本来到世间，从头到脚，每个毛孔都滴着血和肮脏的东西”。

西方道路在历史上绝不是什么文明发展之路，恰恰相反，是滴着鲜血的野蛮掠夺之路，是剥夺其他国家以实现本国发展的道路。资本主义高度发达的现代文明的华贵殿堂下，充斥着野蛮和掠夺的历史以及殖民地国家血与火的悲声。

贪婪的饕餮吸饱了殖民地的血液后，却用宗教、诗歌、戏剧、文学和修养为自己炮制出华美的晚礼服，摇身一变成为文明的象征、现代化的垂范。就像一个乐善好施的“善”人，他的财富曾经是通过抢劫、偷盗获得的，他现在却热衷于做慈善，干好事，立志做文明人。难道我们能完全忽视他曾经做过的坏事，完全不计较他之前获取财富的方式，遗忘他曾经的野蛮？

我们可以大度地选择原谅，但不要“好了伤疤忘了疼”。沉浸在西方世界的繁荣、大谈欧美进步的人，不应否认资本原始积累曾经的罪恶，也不应忘记帝国主义国家给近代中国带来的屈辱。

一些人恰恰得了“历史的健忘症”，还成了西方国家的鼓吹手。有些人出国旅游，回来后发出的感慨是，“人家欧美国家更像社会主义国家”。问其原因，说人家的生态环境好，人家的社会保障好，而反过来看，我们国家的生态环境不好，社会保障比不上人家。

这种看法恰恰忽略了少数国家少数人所享受的那些生态环境和社会保障，正是通过掠取包括中国在内的亚非国家实现的。

将本国财富的创造建立在利用和掠夺别的国家资源的基础上，我们能认定这样的国家是社会主义国家吗？这难道不就是我们批判的帝国主义国家？如果认定这样的国家是社会主义国家，那只会导致对社会主义的污名化。

## 二、新自由主义之路坑了多少国家？

如果说我们不能总是拿历史说事，那我们就拿现实说事，拿欧美国家以新自由主义为理论基础给其他国家发展开的药方说事。

1990 年，由美国国际经济研究所出面，在华盛顿召开了一个旨在为拉美国家经济改革提供方案和对策的会议。会上推出了 10 条政策措施，被称作“华盛顿共识”。“华盛顿共识”的理论依据就是新自由主义，在这种理论看来，只要诉诸市场化、私有化以及自由化，资源配置问题、经济增长问题、发展模式转型问题就通通是“小 case”，后发国家就能走出困境，走上通往发达之路。

很多国家满怀着对现代化的渴望纷纷将其奉为圭臬，但这条所谓的资本主义的“康庄大道”并没有为世界带来福音，反而给拉美国家带去了无

在不少国人眼中，“巴西”几乎成为足球的代名词，没有人可以否认足球与巴西的紧密联系。但是，这个与足球有着不解之缘的国家的经济发展却没有体育发展那么顺利。图为2018年俄罗斯世界杯小组赛E组首轮夺冠大热门巴西队对阵瑞士队。

法下咽的“毒苹果”。

相信很多人知道两个足球国度——巴西和阿根廷。与足球的繁荣相反，两个国家的经济社会发展状况不尽如人意。从里约奥运会前的警察大罢工，到阿根廷的债务经济风波，拉美地区经济发展中所存在的问题已然被摆上了台面。

这一切的根源，可以追溯到私有化和金融自由化改革，为大财团、大公司的优势资本打开了方便之门，尤其是国际资本大量涌入，严重打击了拉美脆弱的金融体系，使得拉美的经济发展雪上加霜。

改旗易帜后的俄罗斯选择的是由美国哈佛大学经济学家杰弗里·萨克

苏联解体后的莫斯科红场，早已不复曾经的辉煌。二战期间苏联的战士们在这里完成阅兵后直接开赴前线。如今这里成为重要的旅游景点。

斯提出的“休克疗法”。1992 年，俄罗斯代总理盖达尔推行了以“休克疗法”为依托的激进自由化改革方案，将希望全部寄托于通过全面经济自由化来实现整个社会经济的转轨，可实际的结果是自我否定、后患无穷，到现在还难以走出困境。

让我们再看东南亚。1997 年，以泰国金融危机为导火索的东南亚金融危机席卷亚洲，波及欧美。金融风暴所到之处，经济凋零、民生凋敝。最初，各个发展中国家普遍将外资视作本国经济的救命稻草，然而以美国金融专家索罗斯为代表的国际游资的金融投机活动，给钟情于外资的人泼了一盆冷水。盲目放开金融市场，其结果必然是引狼入室，与虎谋皮，那些投机资本并没有“救命”，反而成了压垮东南亚金融市场这匹“骆驼”

的最后一根“稻草”。

如今，在全球范围内，由新自由主义理论主导的自由化改革统统拐进了死胡同。新自由主义仿佛极具诱惑力的海妖一般，用歌声吸引了来自拉美地区、东南亚地区、俄罗斯的盲目追随者，却将其航船一步一步引向了深海中的危险漩涡。它也好像是一位靠着三寸不烂之舌招摇撞骗的江湖术士，其登场伴随着掌声、希望和光环，其过程却是虎头蛇尾、一地鸡毛，最终被揭穿。

新自由主义归根结底是资本逻辑全球扩张的代言者，其理念的现实化根本不是全球共同繁荣、共同进步，而注定是牺牲大多数国家成全少数国家的大资本家，或者更准确地说是通过对后发国家进行“暴力性掠夺”成全国际垄断资本，实现国际大资本对后发国家经济命脉的控制，其带来的结果必然是肆无忌惮的投机和掠夺，是“中心－边缘”结构的剥削链条关系的维系。

经济发展不良结果的“锅”，也不能全让新自由主义来背。选择新自由主义之路的国家，不应该将新自由主义神圣化、至上化，不加审视不加批判地照单全收。新自由主义形成于特定的生长土壤，不问“车况”“路况”，一味地走别人的路，注定是会“人仰马翻”的。

“橘生淮南则为橘，生于淮北则为枳”。任何的发展道路都需要结合具体实际不断探索和自主尝试，将科学理论与具体实际相结合。想要毫不费力地一键下载安装，100% 复制、粘贴，结果只能是邯郸学步、东施效颦，错失发展机遇，坑害本国人民。

## 三、西方道路缺失、中国道路独具的元素

中国道路是当代中国开辟出来的具有原创性的道路，是一条与西方道路起点不同、路程不同的独特道路。评价中国道路好不好，坚决不能把本

身就有缺陷的西方道路作为评判标准。我们应该在与西方道路的比较中，更好地认识到中国道路内含的智慧，看到中国道路相对于西方道路所独有的元素。

实现中华民族伟大复兴，必须坚定不移走和平发展道路。近代以后，中国人民遭受列强的侵略、凌辱、掠夺达百年以上，但中国人民不是从中学到弱肉强食的强盗逻辑，而是更加坚定了维护和平的决心。人类命运休戚与共，各国人民应该秉持“天下一家”理念，共同推动构建人类命运共同体。中国人民热爱和平、珍惜和平，把维护世界和平、反对霸权主义和强权政治作为自己的神圣职责，坚决反对动辄使用武力或以武力威胁处理国际争端，坚决反对打着所谓“民主”、“自由”、“人权”等幌子肆意干涉别国内政。中国人民将一如既往同各国人民携手努力，为创造人类美好未来而不懈奋斗。任何人任何势力企图破坏中国人民的和平生活和发展权利、破坏中国人民同其他国家人民的交流合作、破坏人类和平与发展的崇高事业，中国人民都绝不答应！

——习近平：《在纪念中国人民抗日战争暨世界反法西斯战争胜利75周年座谈会上的讲话》

应该看到的是，西方道路不是和平发展之路，它所取得的成就，不是靠自食其力，而是依靠“外围”或“边缘”国家。无论在历史上，还是在今天，其成功都建立在对其他国家的掠夺性积累上。中国道路则是和平发展之路，蕴含的是独立自主精神，可以说，中国发展依靠自身力量和自身智慧，中国进步依靠自身文明，走近世界舞台中央所追求的也是合作共赢。

西方道路内在的是唯我独尊的傲慢思维，认定现代文明之路只有一条，就是自己所走的路，而其他道路都是落后的乃至野蛮的，都是行不通的或将被历史淘汰的路；中国道路推崇的是华山并非一条道，不把某一套理论或他人成功经验看作金科玉律，不把自己走的路看作唯一正确的道路，认定各个国家都可以走出属于自己的文明之路，适合自己国情的道路就是最好的道路。

西方道路缺少包容他者、兼容并蓄的精神气质，习惯于对其他国家指手画脚，不屑于尝试理解其他国家道路的价值，很少学习其他国家经验来融入自己国家发展道路；中国道路强调开放包容、相互借鉴，不仅吸纳发达国家的技术、管理办法、制度，也注重吸纳其他国家的先进经验，走自己的路，学别人先进的东西，大胆借鉴和吸收。这正是中国道路所强调的方面，它绝不是只强调中国特色，从这条路开辟直到今天，它一直是在学习他国长处、提升自己中进步。

西方道路经常采取对内对外两个标准，将“平等”挂在嘴边到处宣扬，却在各种重要场合坚持本国优先原则；给别国“安利”自由市场、经济自由，自己却不断强化政府干预；自己国家本来矛盾重重，却总想化身超级战士以“民主”的名义出兵别国“拯救”世界；满口讲国际事务的程序正义，自己却总是打破程序，先发制人。中国道路强调文明多样，不以自己的标准要求别人，更不制定标准让别人遵守自己却不遵守。

西方道路强调的是没有永恒的朋友，只有永恒的利益，受资本逻辑的支配，在全球事务中主张最多的就是利益共同体，建立在某些共同利益上的共同体；中国道路突出的是人类命运共同体的思维，不是仅仅建立基于共同利益的共同体，还从人类社会共同命运的角度去构建国际关系。

比较中西方道路，强调中国道路的独特价值，并不意味着否定西方道路的意义和价值。对西方道路不能过高评价，只看到它的好，也不能过于贬低，更不能完全抹黑，将其简单看作形式上和实质上两张皮，不去学习西方道路的精华之处。

比较中西方道路，也不意味着两条道路的绝对对立，不能因为是中国特色社会主义道路，就认为和西方道路是完全割裂和不同的。中国道路从开始时就是立足中国、注重汲取西方发达国家文明而且非常注重借鉴西方道路的道路。

反倒是西方国家，它们往往对中国道路长期持有轻蔑甚至鄙视的态度。我们应该明白的道理是，总认为自己已经足够厉害、不用再去向他人学习的人，实际上也就停止了自己的进步；那些总能认识到自己不足、不断向他人学习的人，一定会有更大的进步空间。

> 中国是东方文明的重要代表，欧洲则是西方文明的发祥地。正如中国人喜欢茶而比利时人喜爱啤酒一样，茶的含蓄内敛和酒的热烈奔放代表了品味生命、解读世界的两种不同方式。但是，茶和酒并不是不可兼容的，既可以酒逢知己千杯少，也可以品茶品味品人生。中国主张“和而不同”，而欧盟强调“多元一体”。中欧要共同努力，促进人类各种文明之花竞相绽放。
>
> ——习近平：《在布鲁日欧洲学院的演讲》

中国道路与西方道路存在着较大的互补性，中国道路从西方国家吸收借鉴了市场经济、资本运营的经验，为中国的经济发展和经济腾飞注入了活力，同样，西方的发展也应该而且开始逐渐从中国道路中汲取营养，中西道路在比较、交流过程中各自从彼此之处汲取能量，这才是可喜的局面。

08

# 第八章　走向世界的中国道路面对何种质疑？

中国道路本身是开放的道路，是对西方、对世界开放的道路。如今，中国走近世界舞台的中心位置，中国道路、中国方案、中国智慧受到国际瞩目。木秀于林，风必摧之，走向世界的中国难免会遭到各种质疑。一种质疑来自国际舞台，那就是中国是否已经成为新帝国主义、新殖民主义？“一带一路”是不是中国在以“人类命运共同体”之名而行全球扩张之实？一种质疑来自国内民众，认为中国现在还是发展中国家，这样大张旗鼓会遭人嫉恨，影响到正常的外交关系，为什么我们偏要强出头、“打肿脸充胖子”，而不是继续韬光养晦？对此，我们该如何回应？

## 一、美国“退群”与中国主张

曾被称为“世界警察”的美国，近几年来给我们留下了这样的印象：它并不像以前那样热衷于参与国际事务，反而逐渐退出许多国际组织或双边、多边协定，包括《跨太平洋伙伴关系协定》《巴黎气候协定》，甚至是联合国人权理事会、教科文组织等。这种以“美国优先”为由动辄任性毁约“退群”，无利可图时就选择脱钩退出的行径，无疑是对参与成员的不尊重，是对国际社会的不负责任。不仅于此，在新冠肺炎疫情暴发后，美国还宣布退出世界卫生组织，拼命“甩锅”给中国，密集诋毁打压中国，充分暴露出其霸权主义行径。

现在，我们处于全球化日益深入推进的关键时期，面对世界百年未有之大变局，很多矛盾和问题只有从全球出发每个国家共同参与才能够最终解决。如果每个国家都只是一味地选择逃避承担责任，任性“退群”，

“甩锅”、攻击其他国家，那么人类社会的发展就可能遭遇前所未有的困境。

在美国不断“退群”的背景之下，中国政府在国际舞台上的表现却与美国截然相反，我们更多地听见了中国声音，看到了中国方案，感受到了中国智慧。中国提出的“人类命运共同体”理念已经进入联合国决议，“一带一路”倡议的实施也成功为沿线国家和地区的交流合作搭建了平台。

长期以来，很多人片面地认为，中国只能为世界输送电视机之类的实物。实际上并非如此，我们也在不断地给世界输送理念，人类命运共同体无疑就是最好的表征。

人类命运共同体首先是对当今世界发展状况的客观描述，是遵循客观历史进程的表现。正如习近平所指出的：“这个世界，各国相互联系、相互依存的程度空前加深，人类生活在同一个地球村里，生活在历史和现实交汇的同一个时空里，越来越成为你中有我、我中有你的命运共同体。”

人类命运共同体还是一个倡议、一种主张、一种理念，它坚持对话协商，坚持共建共享，坚持合作共赢，坚持交流互鉴，坚持绿色低碳。它力图建设一个持久和平、普遍安全、共同繁荣、开放包容、清洁美丽的世界。

人类命运共同体还是一种实践，“一带一路”倡议就是它的理念载体、落地之举、现实路基。

人类命运共同体，是命运的共同体，它与利益共同体有所不同。利益共同体基于共同的利益而建立，如果建立不起来，损害的至多是各方的或共同的利益而已；而命运共同体是基于共同的命运建立起来的，如若建立不起来，损害的则是整个人类的命运。人类命运共同体关乎人类整体作为物种存续的问题，应当从人类社会未来发展前景的长远角度去思考。

2013年9月7日，习近平同志在哈萨克斯坦纳扎尔巴耶夫大学的演讲中首次提出共建“丝绸之路经济带”的倡议，指出：为了使欧亚各国经济联系更加紧密、相互合作更加深入、发展空间更加广阔，可以用创新的合作模式，共同建设“丝绸之路经济带”。这是一项造福沿途各国人民的大事业。要加强政策沟通、道路联通、贸易畅通、货币流通、民心相通，以点带面，从线到片，逐步形成区域大合作。

2013年10月3日，习近平同志在印度尼西亚国会演讲中首次提出共建21世纪“海上丝绸之路”的倡议，同时倡议筹建亚洲基础设施投资银行，指出：中国倡议筹建亚洲基础设施投资银行，愿支持本地区发展中国家包括东盟国家开展基础设施互联互通建设。东南亚地区自古以来就是“海上丝绸之路”的重要枢纽，中国愿同东盟国家加强海上合作，共同建设21世纪“海上丝绸之路”。

“一带一路”倡议源于中国，机会和成果属于世界。首届“一带一路”国际合作高峰论坛达成的279项具体成果，已经全部按计划完成。第二届“一带一路”国际合作高峰论坛达成6大类283项务实成果，会为全球经济增长开辟更多空间，为构建人类命运共同体作出新贡献。

图为2018年9月14日拍摄的由中国企业承建的马尔代夫维拉纳国际机场新跑道。

人类命运共同体并不完全否认国家之间存在制度与意识形态的差别，而是强调求同存异，在看到差别的基础上求人类命运这一“同”。这一“同”是更为基础性的，也是在当前生态环境危机、核战争威胁等关乎人类命运的问题日益严峻的世界更具有现实性和紧迫性的。简言之，如果整个人类都没有办法生存下去，那么我们讨论再多的意识形态分歧或者利益差异又有什么意义？

人类命运共同体主张在国家与国家之间建立伙伴关系，基于“利益攸关”“同命相连”“共同发展”建构真实、平等、互利的真正共同体。它强调的是每个国家都能在共同体中扮演好相应的角色，履行好各自的职责，绝不能因为有社会主义制度或资本主义制度等意识形态的差别而无法并肩作战。只有这样，才能综合各个国家的国际利益，实现全球的整体利益，解决全球的未来问题。

历史总是给我们惊喜。马克思、恩格斯早在19世纪中叶就已经做出判断：随着生产力的进一步发展，随着贸易自由和世界市场的完善，民族分割和对立将会消失，各文明国家的联合行动会出现，世界历史必然走向民族国家的联合，必将建立真正的普遍交往，必将摧毁“虚假的共同体”而建立真正的共同体。这正是马克思主义经典作家赋予世界历史进程的方

学习马克思，就要学习和实践马克思主义关于世界历史的思想。马克思、恩格斯说：“各民族的原始封闭状态由于日益完善的生产方式、交往以及因交往而自然形成的不同民族之间的分工消灭得越是彻底，历史也就越是成为世界历史。”马克思、恩格斯当年的这个预言，现在已经成为现实，历史和现实日益证明这个预言的科学价值。今天，人类交往的世界性比过去任何时候都更深入、更广泛，各国相互联系和彼此依存比过去任何时候都更频繁、更紧密。一体化的世界就在那儿，谁拒绝这个世界，这个世界也会拒绝他。万物并育而不相害，道并行而不相悖。我们要站在世界历史的高度审视当今世界发展趋势和面临的重大问题，坚持和平发展道路，坚持独立自主的和平外交政策，坚持互利共赢的开放战略，不断拓展同世界各国的合作，积极参与全球治理，在更多领域、更高层面上实现合作共赢、共同发展，不依附别人、更不掠夺别人，同各国人民一道努力构建人类命运共同体，把世界建设得更加美好。

——习近平：《在纪念马克思诞辰200周年大会上的讲话》

向、目的和价值。

人类命运共同体也植根于源远流长的中华文明，蕴含着中国优秀传统文化的精髓，“世界大同”“天下一家”“天下为公”“和而不同”“兼容并蓄”等都是其内在的基本理念。因此可以说，人类命运共同体既是马克思主义对人类社会发展的追求，又符合中国优秀传统文化的价值取向，它是马克思主义与中国传统文化智慧所追求的美好社会的凝聚。

作为理念和实践的人类命运共同体，是对资本逻辑主导的全球化进程的变革，是资本主义世界政治经济秩序的替代性方案。它是在全球化新形势下对全球性问题提出的中国方案，它的提出标志着中国引领世界历史进程的理论自觉，代表着中国对人类社会文明走向的基本判断和基本追求，也充分体现了中国的大国担当和中国道路在世界舞台上的独特魅力。

## 二、中国资本的全球扩张之路？

中国在国际社会频繁出场，不免招致国内外一些舆论的质疑。时过境迁，改革开放之初，中国重要的事是“引进来”，而今天中国道路的走向则是“走出去”。正是在这样的大背景下，中国面临着国内外某些舆论新的“指控”，说今日之中国已经成为“新帝国主义国家”，正在世界舞台上进行着“新殖民主义”“新自由主义”的活动，“一带一路”正是“新型经济殖民主义”的体现。

作为一个在历史上深受帝国主义侵略之害的国家，作为一个对帝国主义行径深恶痛绝的国家，中国被指认为“新帝国主义国家”，被认为正在对一些国家进行“殖民活动”，这是我们无论如何都无法接受的。

这种指责会出现，根本原因在于中国已今非昔比，成为全球第二大经济体，具有强大的经济实力，并在世界舞台上积极谋求发挥重要作用，推动全球化深入发展。

还有一个原因，那就是“国强必霸”的不良思维在作怪。这是个别西方国家所固有的思维，这种思维把任何一个大国“走出去”的做法都看成帝国主义行径，没有任何例外。无论中国做了什么、做得再好，只要它是一个主张世界各国开放发展的大国，都会被扣上这个帽子。

这种思维植根于某些西方国家内在的价值观念，我们必须旗帜鲜明地反对。只要我们走自己认为正确，同时也确实有益于整个人类未来发展、确实能推进国家与国家之间实现合作共赢的道路，那么我们就不存在任何理亏之处。

国外媒体之所以会对中国道路屡屡发出这样的诘难，也不排除另一个原因，那就是中国走向世界舞台动摇了已有格局，触动了某些国家的“奶酪”。

中国是不是新帝国主义国家呢？是不是虽不动用军事、战争进行殖民，但以经济方式推行殖民主义？

答案是否定的。不能简单地认为中国资本“走出去”，就是中国资本的全球扩张，就是要去榨取其他国家劳动者的“剩余价值”，就是要操控别国经济命脉进行积累性掠夺，就是重走西方发达国家的资本来到中国时走的路。

一些人对资本的偏见太深了，以为只有资本的恶，没有资本的善，以为资本走出国门，就是要去掠夺、去剥削、去控制其他国家，就是新帝国主义、新殖民主义。实际上，资本是把“双刃剑”，如果运用得好，就能够实现中国和其他国家的合作共赢，为它们提供经济发展、文明进步的平台，改善这些国家人民的生活。

此外，帝国主义国家不仅仅要求他国在经济方面进行市场化、私有化、自由化，还总是在价值层面强调自己代表人类的文明，代表人类的未来。它们要求他国必须接受自己的制度，接受自己的价值观念。这才是帝国主义的完整概念。

人类命运共同体，顾名思义，就是每个民族、每个国家的前途命运都紧紧联系在一起，应该风雨同舟，荣辱与共，努力把我们生于斯、长于斯的这个星球建成一个和睦的大家庭，把世界各国人民对美好生活的向往变成现实。

——习近平：《携手建设更加美好的世界：在中国共产党与世界政党高层对话会上的主旨讲话》

中国始终是世界和平的建设者、全球发展的贡献者、国际秩序的维护者，愿扩大同各国的利益交汇点，推动构建以合作共赢为核心的新型国际关系，推动形成人类命运共同体和利益共同体。

——习近平：《在庆祝中国共产党成立95周年大会上的讲话》

我们积极推动建设开放型世界经济、构建人类命运共同体，促进全球治理体系变革，旗帜鲜明反对霸权主义和强权政治，为世界和平与发展不断贡献中国智慧、中国方案、中国力量。

——习近平：《在庆祝改革开放40周年大会上的讲话》

中国的统一，不会损害任何国家的正当利益包括其在台湾的经济利益，只会给各国带来更多发展机遇，只会给亚太地区和世界繁荣稳定注入更多正能量，只会为构建人类命运共同体、为世界和平发展和人类进步事业作出更大贡献。

——习近平：《为实现民族伟大复兴推进祖国和平统一而共同奋斗：在〈告台湾同胞书〉发表40周年纪念会上的讲话》

中国愿同世界各国携手构建人类命运共同体，发展全球伙伴关系，拓展友好合作，走出一条相互尊重、公平正义、合作共赢的国与国交往新路，让世界更加和平安宁，让人类生活更加幸福美好。

——习近平：《携手共命运　同心促发展：在2018年中非合作论坛北京峰会开幕式上的主旨讲话》

但反观中国，我们始终鼓励各国走自己的路，依据本国历史传统和现实国情，探索符合自己国家发展的道路。显而易见，我们并没有像帝国主义国家那样，推崇只有自己的道路才是所谓唯一正确的道路，只有自己的文明才是唯一正统的文明、代表人类未来的文明，我们在价值理念层面根本不存在帝国主义的思维方式，也就不存在成为一个帝国主义国家的可能。

中国确实在逐步走近世界舞台的中央，但并没有因此为自己冠上“领头羊”的头衔，也无意与其他国家比“肌肉”。中国道路不是以撕裂社会、撕裂世界的野蛮方式走向国际舞台的，而是力求在文明的良性互动和碰撞中实现人类命运共同体的构建。

## 三、积极发声是“打肿脸充胖子”吗？

还有另一方面的质疑，认为中国现在还是发展中国家，高调地搞“一带一路”，有这个实力吗？为什么我们不继续韬光养晦，继续苦干，偏要在国际舞台上过多地发出声音？这样会不会增加欧美发达国家对我们的不满，进而不利于开展中国的大国外交、对外开放？

确实，一个国家的综合实力决定了其在国际舞台上发挥作用的大小。没有强大的国力来支撑，再积极地参与国际事务，都不会获得他人认可，其主张注定只能是徒劳。问题是，中国具备走近世界舞台中央的实力吗？答案显然是肯定的，中国已经迎来了从富起来到强起来的飞跃。我们提出人类命运共同体的理念也好，提出“一带一路”倡议也罢，确实是与中国的国家实力和国际地位相匹配的。

有人会说“枪打出头鸟”，担心中国在国际舞台上积极发声、发挥作用，会被个别国家盯上，看作“眼中钉、肉中刺”。这样的担心并不是没有道理，但我们试想一下，中国不在国际事务中发出自己的声音，一些国家就能视若无睹，就不会把中国当成对手了吗？

中国经济社会已经发展到一定程度，早就引起了国际社会的高度关注，暗藏自己的实力是没用的，那只是在自欺欺人。个别国家也绝不是因为中国勇敢发声、勇担重任才视中国为对手，我们再怎样韬光养晦，一些国家也还是一样会针对我们。因为在“国强必霸”的思维模式下，它们认为中国的强大就是对它们的威胁。

一个国家参与、处理国际事务，或者引导、领导国际事务，势必要投入大量的人力、物力、财力和精力。面对如此庞大的投入，中国这样做到底值不值？有的人认为，中国的国内民生问题还亟须解决，精准扶贫的任务还在进行中，还有农村人口依然处在贫困线以下，医疗保险还未完全普及等，在这种状况下，中国为了打造人类命运共同体，还要为大量第三世界国家提供经济援助，这样会不会影响到中国的国家利益、国内民众的利益？

部分民众存在这样的疑惑也正常，但反应过激就不妥了。在中非合作论坛北京峰会上，中国宣布愿以政府援助、金融机构和企业投融资等方式，向非洲提供 600 亿美元支持。有一部分人就出来质疑，认为 600 亿美元实在太多了。有了这笔钱，能解决中国多少问题？

我们应该以更开阔的视野思考对外援助这个话题。中国进行国际援助不是损人利己，也不是损己利人，而是“有情、有义、有利”的战略互惠。国际援助在帮助其他国家经济发展的同时，也能给中国的经济发展带来机遇，也会对中国的产业等起到刺激和推动作用。我们做出这样的选择并不是牺牲中国的国家利益来成就他国的国家利益，而是实现本国利益与他国利益的共赢。

对于人类命运共同体，牺牲其他国家利益来成全中国国家利益，是建不成的；同样，牺牲中国本国利益来成全其他国家利益，也注定是建不成的。

我们知道，每个小家庭的收入，会分成不同的几部分，每部分都有其相应的用途，一部分用于日常支出，一部分作为教育支出，一部分作为备用资金可能用于帮扶亲戚朋友等。国家作为一个大家庭，很自然地也会在这个层面上考虑收入分配问题，我们给其他国家提供一定的经济援助，使用的是国家收入的一部分而并非全部，这部分支出并不影响我们投入资金解决中国目前面临的重大民生问题。

面对中国向世界舞台中央迈进过程中的种种质疑，我们要理性地思考，冷静地分析。中国在国际舞台上如此发声，是因为中国道路已经走到这个地步，这不是“打肿脸充胖子”，也不是自视清高、自我满足，更不是遮住眼睛无视问题、故步自封，而是既立足中国国情又顺应时代潮流的抉择，是源于对中国道路越走越宽、越走越远的自信。

我们一方面需要继续秉持自己发展中国家的地位和定位，了解我们处

2018 年 9 月 3 日至 4 日，中非合作论坛北京峰会隆重举行，峰会以“合作共赢，携手构建更加紧密的中非命运共同体”为主题。中非双方一致决定携手构建责任共担、合作共赢、幸福共享、文化共兴、安全共筑、和谐共生的中非命运共同体，推进中非共建“一带一路”合作，将“一带一路”建设同非盟《2063 年议程》、联合国 2030 年可持续发展议程、非洲各国发展战略紧密对接，重点实施“八大行动”，全面加强中非各领域务实合作。峰会重申坚持多边主义、抵制单边行径。通过了《关于构建更加紧密的中非命运共同体的北京宣言》和《中非合作论坛——北京行动计划（2019—2021 年）》两个重要成果文件。图为手持中赞两国国旗的儿童参加中国援非“万村通”赞比亚项目竣工仪式。

于社会主义初级阶段的基本国情，绝不能“打肿脸充胖子”，妄自尊大；另一方面需要在国际舞台上理直气壮地讲中国方案、中国智慧，绝不能低声下气地求认同，妄自菲薄。中国只有始终坚持独立自主，发挥中国智慧，提供中国方案，才会获得国际社会的真正尊重和认可，才会让心存质疑之人放下对中国道路的偏见和误解。

面对对中国道路的种种质疑和误解，我们要坚决做到，不因人言而废立，不需人夸颜色好，认准了的就要坚持做下去，但我们也绝不能容忍对中国道路的随意阐释或者诬蔑，我们要通过中国的话语，讲好中国的故事，使他们真正了解、理解和认同中国道路。

09

# 第九章　中国道路将通往何方？

就像一个人干一番大事业，必然少不了可行的奋斗目标，可以先制定一个小目标，接着制定中目标、大目标，中国道路事关国家的兴衰，也少不了富有感召力的战略目标体系，它同样由近期目标、中期目标和长远目标等构成。在这个战略目标体系中，有这样几组关键词——全面建成小康社会、社会主义现代化强国、中国梦，共同富裕、美好生活、人的全面发展，共产主义。理解自己的人生道路，少不了远望自己的奋斗目标；理解中国道路，也必须透彻理解奋斗目标的科学性与现实性。

## 一、将中国梦想照进现实

中国道路要实现中国梦，自然而然，理所当然。中国梦是中华民族伟大复兴的形象表达，中国梦的实现也是富强、民主、文明、和谐、美丽的社会主义现代化强国的实现。所以，中国梦、民族复兴、社会主义现代化强国，在今天的时代背景下，实际上是同一个奋斗目标，只是侧重的主体、立足的角度不同。

用中国梦来表述中华民族伟大复兴，只是换了一种说法，但还真不能小瞧这种话语转换，它弥合了政治话语与民间话语、意识形态话语与生活话语的缝隙，非常接地气，具有亲和力。一个话语的转换，也能带来不同凡响的效果。“中国梦”一词一经提出，即在中国和世界的舞台上引起了讨论热潮。

究竟什么是中国梦？它和其他国家的梦有何不同？中国梦和美国梦有何不同？有人质疑中国道路里没有个人的位置，过度强调作为整体的国家，认为中国梦与美国梦的区别就在于中国梦是国家梦、民族梦，美国梦则是个人梦，因此中国梦对个人来说吸引力就弱得多。

讲美国梦时，表面上谈的是美国这个国家的梦，但它确实是从个体的角度去讲的，强调个体能够在美国这个国家实现自己的梦想。

相对于美国梦，中国梦首先是民族和国家的梦想，是中国这个国家从站起来到富起来再到强起来的梦想。中国梦具有历史的厚重感，这与中华民族 5 000 多年的历史有关，与近代以后中华民族命运的转变有关。既然是复兴，那就说明中华民族曾经辉煌，又历经苦难，现在需要的是重装归来，未来重现辉煌。中国梦因此是沟通中华民族的历史、现实与未来的梦，这决定了中国梦的时间性、历史性维度。

中国梦是国家的梦、民族的梦，也是人民的梦，是每一个中国人的梦。中国梦与个人梦本身并不冲突，国家富强、民族振兴最终落脚于人民幸福、每个人梦想实现。中国梦绝没有忽略个人梦想，而是特别强调在实现国家梦想、实现社会公平正义的同时，实现个人梦想，实现个人的自由全面发展。

只是偏偏有一些人认为，中国梦与个体没太多关系，中国再强大，民族再振兴，甚至人民再幸福，也跟自己无关。这种观点反映了一些人的思想倾向，他们把个人利益作为唯一的真实利益而无视国家的、整体的利益，闭口不谈个人利益的实现需要强大的国家，不明白只强调个人利益注定不可能实现自己利益的最大化。

在《共产党宣言》中，马克思、恩格斯明确提出，在未来的联合体中，“每个人的自由发展是一切人的自由发展的条件”。这一理论阐释了“个人”与“联合体”、“每个人”与“一切人”应该有的关系，充分说明了个人的自由发展离不开联合体，离不开整体，离不开社会。

还要指出的是，美国梦的个人化维度最终只能是少数人梦想的实现，同时强调国家、民族、人民与个人的梦想，才有可能实现大多数人的梦想。中国梦归根到底是人民的梦，归根到底是每个中国人的梦，实现中国梦，需要让更多的人获得发展自我和奉献社会的机会，共同享有人生出彩的机会，共同享有梦想成真的机会。

中国梦不仅仅是中国的梦，还是与世界其他国家分享的梦，中国梦既是中国人民追求幸福的梦，也同各国人民追求幸福的梦想相通。它是和平、发展、合作、共赢的梦，意味着中华民族为人类和平与发展做出更大贡献的真诚意愿。

但中国梦所内含的复兴总会迎来某些敌对力量的攻击，一些声音故意把中国梦解读为“老大梦”“扩张梦”“霸权梦”，不断暗示中国梦的实现必然会给世界其他国家带去灾难、动荡、倒退。

习近平讲过的这段话无疑是最好的驳斥：“实现中国梦给世界带来的是机遇不是威胁，是和平不是动荡，是进步不是倒退。拿破仑说过，中国是一头沉睡的狮子，当这头睡狮醒来时，世界都会为之发抖。中国这头狮子已经醒了，但这是一只和平的、可亲的、文明的狮子。”

中国梦是中国共产党人始终追求的梦想。现在，我们比历史上任何时期都更接近中华民族伟大复兴的目标，在2020年全面建成小康社会后，2035年将基本实现社会主义现代化，21世纪中叶将建成社会主义现代化强国。

这个目标会不会实现？伟大梦想会不会实现？看到今天还不尽如人意的现实而产生怀疑，可以理解。但相比于40年前、30年前、20年前、10年前，中国社会发生的变化，自己以及自己的家庭发生的变化，当时的我们能想到吗？再看看当今中国各个行业的人的忙碌的工作状态，我们为什么不能想象10年后、20年后、30年后会继续创造奇迹呢？

## 二、共同富裕还能实现吗?

不断创造美好生活,实现共同富裕与人的全面发展,可以说是中国道路成功的“本质性标准”,是社会主义现代化强国的“标志性工程”。

从一定意义上说,共同富裕就是“中国的正义论”,这种正义论不是抽象的理论建构,而是对中国现实生活的提炼,是立足中国国情、在生产力发展的基础上建构实质性的公平正义的过程。

共同富裕绝不仅仅是指物质生活方面的“共富”,也包含社会生活、政治生活、精神生活、生态环境等各领域的“共富”。因此,共同富裕的实现也同时是人的美好生活需要的满足。何谓美好生活?每个人所理解的、所追求的可能都不一样,但一定有共同点,而民主、法治、公平、正义、安全等对每个人来说都是不可或缺的,没有这些元素的满足,也就不可能有真正的美好生活。

没有共同富裕不可能有美好生活,也不可能有人的全面发展的实现。人的全面发展需要共同富裕提供物质基础和社会前提,而且,人的全面发展不是少数人的全面发展,而是大多数人的全面发展,这与共同富裕的目标是一致的。

共同富裕是关注中国社会的人们最关心的问题之一,在很多人的心目中,共同富裕代表着社会主义的最高原则,是社会主义的最高追求。中国道路一直强调共同富裕,也提出了相对完整的共同富裕理论,即允许一部分人、一部分地区通过诚实劳动、合法经营先富起来,先富起来的人和地区带动后富起来的人和地区,最终达到共同富裕。

这里面既有理想、有目标,那就是实现共同富裕;也有方法、有手段,那就是激发社会成员的活力、潜力、主动性、创造性,以先富带动后富。共同富裕理论因此不是只有崇高目标本身,也自带可以落地的路径和方法。

只是今天人们看到的是：一部分人富裕了起来，一部分地区发展了起来，而共同富裕的理想并未照进现实，共同富裕的美好图景没有呈现出来，地区发展不平衡、贫富差距有扩大之趋势。

有些人看到不如意的现实，就开始质疑共同富裕理论本身，认为这种理论把社会想得太美好，本身就是不可能实现的，先富起来的人怎么可能会拿出一部分利益让别人也富？共同富裕理论因此不过是在纸上画了一张诱人的饼，是注定吃不到的。

因为现实社会的不尽如人意，就对未来失去信心，就认为中国社会不可能实现共同富裕，无疑是一种历史悲观论。拿今天的经验现实去评判理论本身是错误的，去否定已经取得的进步，无疑也是有问题的，是对理论本身的误解。

改革开放之初，我们追求共同富裕，必须面对当时贫穷的国家现实，须立足中国贫穷、发展太慢、人民生活水平低的国情，不能在一穷二白的情况下去奢谈看不见影的共富。改革开放的事实证明，以先富带动后富，实现共富，释放了社会的活力和激情，创造了难以想象的经济奇迹。没有这套共同富裕理论的指引，中国不可能取得如此巨大的成就，中国道路也不可能走到今天，我们甚至可能连思考如何共富的机会都没有。

一代人有一代人的事业，走好中国道路，全面深化改革，需要更加全面深入思考共富的问题。实行供给侧结构性改革，调整收入分配差距，平衡区域经济发展，精准扶贫等一系列政策，充分表明我们没有忘记“最终达到共同富裕”。而新的社会主要矛盾，即人民日益增长的美好生活需要和不平衡不充分的发展之间的矛盾的提出，也标志着党和国家对共富问题的聚焦。

从历史和现实来看，共同富裕实际上有两个对手，一个是平均主义，一个是两极分化。

把先富作为手段，把共富作为目标，先富服务于共富，允许一部分地区、一部分人先富起来，避免了要求同步同时富裕、实际上却是同时贫困的局面，从而克服了平均主义导致共同贫困的问题。

现在，共同富裕要直面第二个对手——两极分化。先富不一定会带来共富，如果不加防范、不加引导，先富者可能会永远富裕，而且越来越富裕，那些没有机会先富的社会成员可能将彻底失去富起来的机会。避免两极分化，实现共富，确实是个难题，比起允许一部分人先富起来，让大家共同富起来显然是更难的问题。

改革需要明确的方向，不是实现少数人的私利，而是让更多的人共享成果，这应该作为制定方针政策的依据。改革还要确保富起来的条件，即诚实劳动、合法经营，坚决杜绝通过诚实劳动、合法经营的富不起来，富起来的绝对不是通过诚实劳动、合法经营的现象。它要坚决抵制少数人财富的积累建立在对大多数人的掠夺的基础之上，它要创造机会让大多数人从后富中摆脱出来。

走向共同富裕，不能走极端，也要避免采取激进的方式“杀富济贫”，如果操之过急，重提阶级斗争，重搞财富平均分配，势必引起社会动乱。我们也不能戴着有色眼镜，去看那些已经先富的人，认定他们一定是唯利是图的，他们也是社会中的我们，也会有社会情怀，也会努力让社会变得更好，这也是推进共富的动力，而且是不可或缺的动力。

面对中国社会发展的现实，我们不能要求共同富裕立即实现，要坚持逐步地、循序渐进地实现。我们也不能形而上学地理解共同富裕，不切实际地制定实现的标准、实现的日期、实现的步骤。只要我们不断采取可行举措来推进，比如乡村振兴战略等，只要我们确实是离共同富裕越来越近，只要中国社会越来越好，我们就应该相信它能够实现。

## 三、共产主义是永远无法到达的地方吗？

中国道路是社会主义道路，只要是社会主义道路，就应该通往共产主义社会。可以说，小康社会、社会主义现代化强国和中国梦都是立足中国实际、具有中国特色的阶段性奋斗目标，而共产主义则是马克思主义者追求的人类社会的最终目标。

我们应该相信，共产主义一定能实现！

从这个意义上说，共产主义是一种信仰，它代表着人们对未来美好社会的期望。如果我们相信人类社会从古至今一直在不断进步的话，我们就应该相信有一个美好的社会在前面等着我们，它就是共产主义。

习近平指出："坚定的理想信念，必须建立在对马克思主义的深刻理解之上，建立在对历史规律的深刻把握之上。"但一些人恰恰没有深刻理解马克思主义，也没有深刻把握历史规律，就严重怀疑共产主义，认为共产主义是可望而不可即的，甚至认为是望都望不到、看都看不见的，是虚无缥缈的。

共产主义作为远大理想，作为奋斗目标，不怕理性怀疑，不怕认真思考，怕的是盲目怀疑，盲目否定。面对资本逻辑，面对市场经济，面对社会不公，面对环境问题，面对生活不顺，一些人有所怀疑，这是可以理解的。但我们不能无视中国社会的进步，看到中国社会出现的问题，就对共产主义的实现产生怀疑，就对共产主义理想充满迷茫。

认为共产主义永远不可能实现，这是历史悲观主义的论调，是对人类社会不抱希望的表现。我们应该憧憬未来，不能被一时的困境所阻挡，宣布自己永远地败下阵来，再也没有对未来的美好期望。

也有人倒是很“乐观”，认定社会发展是必然的，共产主义社会的到来是无须努力的。

历史必然性、规律客观性，建立在作为主体的人的活动基础上，只有有了历史主体的参与，必然性、客观性才会体现出来。没有人的主体能动性，历史就没有任何意义。没有人的活动，任何美好的社会形态都不会到来。

实现共产主义当然是一个非常漫长的历史过程，只有在社会主义社会充分发展和高度发达的基础上才能实现。想一下子就进入共产主义，那是不切实际的。我们既要把共产主义作为奋斗目标，当作理想信仰，也要立足现阶段的工作，脚踏实地推进我们的事业。

共产主义其实离我们并不遥远，它就在我们的身边。我们不满于现状，认为政治应该更加民主，经济应该更加发展，环境应该更加美丽，社会应该更加公平，个人应该更加自由，表明我们并没有放弃对共产主义的追求，我们为改变这种现状所做的努力，都是共产主义事业的一部分。

共产主义不能只被当成现实应该与之相适应的理想或目标，它也应该存在于我们的观念和行动中。共产主义的观念和行动同样重要，没有观念上的共产主义，哪会有共产主义的行动和追求？没有行动上的共产主义，共产主义永远只是观念，只能是最终奋斗目标。

共产主义必须要实现，它一定能实现！它是中国道路将要到达的远方，它不仅关乎人类社会的公平正义，关乎人要有尊严地成为人，而且关乎人类社会有没有未来，有没有希望！

共产主义决不是“土豆烧牛肉”那么简单，不可能唾手可得、一蹴而就，但我们不能因为实现共产主义理想是一个漫长的过程，就认为那是虚无缥缈的海市蜃楼，就不去做一个忠诚的共产党员。革命理想高于天。实现共产主义是我们共产党人的最高理想，而这个最高理想是需要一代又一代人接力奋斗的。

——习近平：《做焦裕禄式的县委书记》

想一下子、两下子就进入共产主义，那是不切实际的。邓小平同志说，巩固和发展社会主义制度，还需要一个很长的历史阶段，需要我们几代人、十几代人、甚至几十代人坚持不懈地努力奋斗。几十代人，那是多么长啊！从孔老夫子到现在也不过七十几代人。这样看问题，充分说明了我们中国共产党人政治上的清醒。必须认识到，我们现在的努力以及将来多少代人的持续努力，都是朝着最终实现共产主义这个大目标前进的。同时，必须认识到，实现共产主义是一个非常漫长的历史过程，我们必须立足党在现阶段的奋斗目标，脚踏实地推进我们的事业。

——习近平：《在新进委员会的委员、候补委员学习贯彻党的十八大精神研讨班上的讲话》

学习马克思，就要学习和实践马克思主义关于人类社会发展规律的思想。马克思科学揭示了人类社会最终走向共产主义的必然趋势。马克思、恩格斯坚信，未来社会“将是这样一个联合体，在那里，每个人的自由发展是一切人的自由发展的条件”，“无产者在这个革命中失去的只是锁链。他们获得的将是整个世界”。马克思坚信历史潮流奔腾向前，只要人民成为自己的主人、社会的主人、人类社会发展的主人，共产主义理想就一定能够在不断改变现存状况的现实运动中一步一步实现。马克思主义奠定了共产党人坚定理想信念的理论基础。我们要全面掌握辩证唯物主义和历史唯物主义的世界观和方法论，深刻认识实现共产主义是由一个一个阶段性目标逐步达成的历史过程，把共产主义远大理想同中国特色社会主义共同理想统一起来、同我们正在做的事情统一起来，坚定中国特色社会主义道路自信、理论自信、制度自信、文化自信，坚守共产党人的理想信念，像马克思那样，为共产主义奋斗终身。

——习近平：《在纪念马克思诞辰200周年大会上的讲话》

# 结语 EPILOGUE

## 携手走在自信的大道上

相对于漫长的人类社会进程而言，相对于中华民族 5 000 多年的历史进程而言，相对于近代以来 180 年的历史进程而言，新中国成立只有 70 多年，中国特色社会主义道路只有 40 多年。70 多年、40 多年实在是太短暂了，但就是这 70 多年，就是这 40 多年，中国社会发生了翻天覆地的变化，取得了令世人刮目相看的成就。

历史和现实已经充分证明，中国道路是一条科学的、光明的、成功的人间正道。未来也将继续证明。

中国道路是从历史中走来的道路，它是改革开放以来中国社会发展实践的重大成果，是在新时代实现中国梦想的必由之路。

中国道路是科学理论与中国国情相结合的道路，它遵循科学理论的基本逻辑，又立足中国基本国情和不断发展的社会状况，做到了与时俱进。

中国道路是目标始终如一、方法灵活运用的道路，它始终坚持社会主义的方向、目标、立场，灵活探索社会主义社会建设路径的可行性、有效性。

中国道路是由坚强有力的领导力量来领航的道路，它在中国共产党领导下开辟并不断前进，又不断激发人民群众的主体力量。

中国道路是富民强国之路，它让中华民族在站起来的基础上，迎来了从富起来到强起来的飞跃，让中国踏上不断满足人民群众美好生活需要的征程。

中国道路是后发国家的成功赶超之路，它书写了发展中国家的传奇，让那些近代以来一直落后的国家看到了希望，振奋了精神，找到了可资借鉴的方案。

中国道路是独立自主的社会主义现代化道路，它不依附、不附庸、不“抱别国大腿”，在充分借鉴古今中外一切优秀文明的基础上，自主探索。

中国道路是不断开拓创新的道路，它追求变革，富有活力，反对妄自尊大、骄傲自满，它杜绝封闭僵化、抱守成见，不断进行创造性发展。

中国道路是和平崛起的大国之路，它打破了“几国发达、多国遭殃”的人类社会发展“铁律”，在世界舞台上增强了人们和平发展、合作共赢的信心。

中国道路是具有光明前景的道路，它目标明确合理，一步一个脚印，在实现小目标、具体目标中，不断指向更大目标、更长远目标的实现。

…………

面对这样的道路，我们有足够的理由自信。要坚定不移走下去，切不可“往回走”“向西走”，要大踏步地往前走。

有些人就是自信不起来，他们的理由看似很有道理：自信来自实践。实践不行、现实不行，很难自信，所以要等到实践行了，才能真正自信起来。言外之意是，如果中国特色社会主义的实践不行，光宣传道路自信是不够的，是不管用的。

我们承认，没有实践的成就，就没有真正的自信，自信确实离不开实践。问题是，改革开放 40 多年的实践，40 多年取得的成就，还不足以支撑我们的自信吗？还不足以让我们自信吗？

有人喜欢拿今天的中国与今天的发达国家比，从而得出悲观的结论。实际上，我们的比较不能只从空间维度出发，也要从时间维度出发，将其与40年前、70年前、100年前的中国进行对比。

看看中国这40年、70年、100年的变化，我们就会惊讶于中国社会的进步，就会包容现在的某些不尽如人意之处，也自然就会坚信未来可期！

自信不代表盲目，对中国道路的自信，不代表要否定这条道路存在的问题、挑战、凶险、荆棘。我们不否认问题，但也不能看到问题就否定成就，就失去希望。哪一个社会不存在问题，哪一个国家没有缺陷，看到问题是要去解决问题，而不是否定所有的努力，自惭形秽，让自己萎靡不振，一味盲目挑刺。

我们不认为自己的道路是天底下最好的道路，已经完美无缺。我们一直强调改革创新，这正是不回避矛盾、积极直面问题的表现，也是中国道路不断发展、中国不断走向进步的前提。

一个成就一番事业的人，一定对自我发展的道路充满自信；一个愈发成熟定型的强大的国家，也必须有谋求自我发展独特路径的道路自信。

我们应该相信自信的力量。自信是一个人走向成功的不竭精神动力，一个人足够自信，才会把自己的能力发挥到极致；道路自信则是一个国家走向辉煌的精神支撑，只有我们对自己国家道路真正自信，才能把中国道路的能量充分发挥出来，才会给中国带来更大的实践成就。

行百里者半九十，在爬一座高山即将登顶的时候，在万里长江横渡已经看到彼岸的时候，在跑马拉松进入最后冲刺的时候，在读一本晦涩难懂的书筋疲力尽却不解其意的时候，我们更需要的是信心，是精神，是定力。中国发展到现在，民族复兴到了关键时刻，自信的精神状态至关重要。咬紧牙关，坚持下去，前景光明！

让我们携手走在自信的大道上，目标如一、矢志不渝，孜孜不倦、绝不懈怠，永葆斗志、脚踏实地，不怕艰险、一路前行……

这是在自己人生的道路上、在国家发展的道路上所必备的“思想之力”，是走向成功的“精神之石”！

# 后记 POSTSCRIPT

一个人选择一条路，并在这条路上坚定走下去，走出属于自己的一片天地，并不容易，其间会经过迷茫、困惑、倦怠、自我怀疑、自信再出发等各种心境，其中辛酸往往只能自己品味。

虽然说自己的路自己说了算，但每个人都难免要面对长者或同龄人善意的忠告、好心的相劝。虚心听取别人的建议，是进步的阶梯。但把握不好采纳意见的尺度，就会对自己的路产生动摇，难以保持自我，处在左右摇摆之中，从而出现负面结果。

成功的人，往往是那些经过摸索后坚定走自己道路、不因人言而怀疑并改变自己道路的人。成功的国家，也往往是那些立足本国国情、经济发展水平、文化传统等因素探索出独特道路、不因其他国家评价或干预就随意改变方向和进程的国家。

中国道路是中国人自己摸索出来的道路，我们应该坚定，应该充分自信。正是突破了很多应该如此、必须如此的逻辑，中国道路才得以开辟和发展。面对各种各样的“忠告”或“建议”，面对国内外一些人经常说的“这不行、那不行”，正是因为始终坚定不移走下去，中国道路才获得了惊人的成就。

本书的写作获得了国内众多知名专家学者的支持和帮助，他们一次又一次提出宝贵意见，拓展了本书改进的空间，使它一次又一次“旧貌换新颜”。感谢我的学生李茹佳、张宇晶、史锡哲、杨雅杰、苏欣，感谢金德楠、毛菲、冯钰捷、韩绮颜、杜哲等同学，他们参与了本书的提纲拟定、材料收集整理、文稿校对等工作，在一些章节还贡献了创意或金句。

一个马克思主义理论工作者的学术之路，与一个国家的发展道路一样，会因更多的人融入而更加宽广、更加光明。诚邀更多的读者结伴同行，共同进步，也欢迎大家对本书提出建设性意见，以便有机会进一步修订！

**陈培永**

于北京大学燕北园

图书在版编目（CIP）数据

道路何以自信 / 陈培永著. -- 北京 ： 中国人民大学出版社，2020.12
（“读懂新时代”丛书）
ISBN 978-7-300-27510-9

Ⅰ. ①道… Ⅱ. ①陈… Ⅲ. ①中国特色社会主义－社会主义建设模式－研究 Ⅳ. ① D616

中国版本图书馆 CIP 数据核字（2019）第 216468 号

“读懂新时代”丛书
教育部组织编写
**道路何以自信**
陈培永◎著
Daolu Heyi Zixin

| | | | |
|---|---|---|---|
| 出版发行 | 中国人民大学出版社 | | |
| 社　址 | 北京中关村大街 31 号 | 邮政编码 | 100080 |
| 电　话 | 010-62511242（总编室） | | 010-62511770（质管部） |
| | 010-82501766（邮购部） | | 010-62514148（门市部） |
| | 010-62515195（发行公司） | | 010-62515275（盗版举报） |
| 网　址 | http://www.crup.com.cn | | |
| 经　销 | 新华书店 | | |
| 印　刷 | 北京瑞禾彩色印刷有限公司 | | |
| 规　格 | 170mm×240mm　16 开本 | 版　次 | 2020 年 12 月第 1 版 |
| 印　张 | 8.25 插页 1 | 印　次 | 2021 年 6 月第 2 次印刷 |
| 字　数 | 100 000 | 定　价 | 48.00 元 |